写给青少年的中国历史

张 嵚 著

上古卷

北京联合出版公司
Beijing United Publishing Co.,Ltd.

目　录

1

开天辟地那些事

我们这部讲中国历史的书，自然要从中华文明的起源开始讲起。

如今了解任何一个文明的起源，直接的依据自然是史料记录与考古发现，另一个间接的趣味依据是创世神话。公认的一个事实是：要了解任何一个民族的历史，首先必须了解这个民族的创世神话。

创世神话之所以有这么重要的意义，需要从神话的性质说起。

神话，是人类原始时期祖先们对外部世界自然现象的认识。而以文明的起源为内容的神话，正是我们的祖先对这个问题的认识。

不同民族对这个问题的认识是不同的，因此，不同的民族都有独具自身民族特色的创世神话。虽然神话的内容是虚构的，却深藏着一个民族自身的智慧与信仰。一部创世神话成熟的过程，更是一个民族的文化走向成熟的过程。

而要了解中华文明，自然也要了解中华文明的创世神话——开天辟地。

一

中华文明的创世神话，就是盘古开天地。

相传，天地在形成的初期，只是一团混沌的圆形气体，就好像一个黑乎乎的鸡蛋。这个“鸡蛋”里面，沉睡着一个巨人——盘古。

盘古在“鸡蛋”中沉睡了一万八千年。有一天，他醒了，睁开眼睛只看到漆黑一片。他想大声呼喊，但一张嘴吸进来的都是混沌的浊气。

盘古受不了了，他大吼一声，敲掉了自己一颗牙，化作一柄锋利的巨斧，用尽全身力气向身边的这团黑暗劈去！“轰隆”一声，乌黑的“鸡蛋”一下子就被劈开了。“鸡蛋”里的清气一团团地上升，汇聚成了天空；浊气沉沉地下降，沉淀成大地。天和地就这样形成了。

盘古脚踩着大地，手托着天空，支撑起这个他亲手开辟的世界。

盘古支撑的这个世界，维持了一万八千年。天空每天都要长高一丈，大地每天也要增厚一丈，盘古的身体也同样跟着长高。天空已经变得很高，大地也变得很厚，支撑天地的盘古，身高已达到了九万丈。这个世界再也不会回到混沌的状态，盘古的生命却走到了尽头。他终于轰然倒下，左眼化成了太阳，右眼化成了月亮，头发化成了繁星，血液化成了河流，经脉化成了沟壑，肌肉变成了沃土。

而他的头颅，变成了泰山；他的双脚，变成了华山；他的肚子，变成了嵩山；两只胳膊，分别变成了恒山和衡山。这五座山，就是我们常说的中国五大名山——五岳。虽然他的生命已离去，但他依然与世界休戚与共。他的叹息化作了狂风，他的鼾声化作了雷电，他的哭泣化作了雪雨。他创造了我们生活的世界，他的灵魂与血肉已完全融于其中。

这则故事，就是中华民族自己的创世神话。盘古无私的奉献、

勇敢的抗争，以及对世界坚忍不拔的承担与付出，也演变成中华民族世代传承的精神，绵延至今。

一部奠定民族精神情怀的创世神话，不是一蹴而就的。它需要由祖先形成想象，在文字出现后，形成有文献记录的资料，经过一代代后人的加工整理，最终成为成熟的故事。这个过程中的每一个环节，都要经过上百年甚至千年的时间。它和一个民族文化的定型成熟，其实是一个同步的过程。

中华民族的创世神话也经历了同样的过程。

二

中国第一次出现有文字记录的神话，起源于西周的民间诗歌中。诗歌里说，商朝和周朝的创始人都是天神的后代；而他们生活的土地——中国的早期领土，是夏朝的祖先夏启开创的。简单的神话传说，讲述了这样一个事实：不同族群部落的中国人，其实生活在同一片土地上，有着共同的祖先。

等到了战国晚期，中国的神话传说里出现了一篇史诗——《天问》。全文三百六十九句，提了一百七十八个问题。问题包括天和地是怎样形成的，洪水是怎么来的，中国的祖先又是谁，等等。通过诗歌方式进行解答，将古代中国的历史串联了起来。

从那以后，中国的神话也有文献记录了。记录春秋历史的《国语》《左传》等历史书中，都有大量的神话故事。这类神话，我们称为古史传说，内容中有各种典型的神仙人物。神仙人物都是以原始社会的领袖、夏商周三朝的开国者为原型的。

到了战国时期，中国有了独立的神话故事集——《山海经》。全书汇集了当时流传的所有神话传说，以《山经》和《海经》的方式

来划分。此书的一个重要意义是，明确了中国神话人物的谱系与排序。今天我们熟知的各种神话故事，包括《西游记》《封神榜》等神话著作，其内容和人物都是以《山海经》的原始记录为蓝本，经过后人的艺术加工而成的。其后，又出现了神话总集《帝系》。它归纳了从上古时代到战国的神话谱系，将各种典型的神话人物排序，并理清了不同时代神话人物之间的血缘传承关系。中国的神话传说，在经过对不同思想的包容之后，逐步走向融合。

在秦汉时代，中国儒家思想的地位被确立，中国传统的神话故事因此而定型。神话的成熟，也以儒家思想为基础，出现了“三皇五帝”说，即中华民族诞生时期领导民族发展壮大的领袖——相继被称为“三皇五帝”的五位神仙。《汉书》继承《帝系》的排序，把从上古到汉朝的各类神仙做了排列。从“三皇五帝”一直排到西汉开国皇帝刘邦。从此之后，“三皇五帝”也就被中国历代封建王朝看作中华民族始祖神仙的象征。在三国时期，学者徐整在《三五历记》中归纳了上古的神话，写出了“盘古开天地”的神话故事。从此之后，关于中国历史的演变，也就有了这样一句俗语：自从盘古开天地，三皇五帝到如今。

小贴士

徐整，江西南昌人，三国时代东吴官员，中国古代著名学问家，中华民族创世神话的重要整理者。其著作《三五历记》，是现今可知的对于“盘古开天地”神话的最早记录。

有一个祖先叫炎黄

古今中外的华人都有一个共同的身份——炎黄子孙。也就是说，“炎黄”是中华民族的祖先。我们都是炎黄的后人。

这里的“炎黄”，就是中华民族诞生时期的两位杰出领袖——炎帝和黄帝，也是不同地区、身份、时代的中国人共同信仰崇敬的祖先。

炎帝和黄帝究竟是怎样的人物呢？中华民族又是怎样诞生并发展壮大的呢？这都要从人类的起源说起。

按照“进化论”的观点，人类从古猿进化而来。古猿进化成人类后，生产技术有所进步。他们学会了使用石器，这个时期也叫“石器时代”。在“石器时代”，人类的居住方式也变了，开始以血缘关系为单位，一起定居，这种家族叫作“氏族”。大的氏族或者几个小的氏族，可以组成一个群居的部落。这种由氏族组成的部落，我们叫作氏族公社。不同的氏族公社之间有了联系，开始联合，甚至合并成联盟，共同抵御灾害和战争，这样一个时期称为“氏族社会时期”。

世界上每一个民族的形成，都要经过上面这一系列阶段。四千

多年前，中国处于氏族社会时期，在黄河流域和长江流域生活着大大小小许多氏族部落。那时他们还是各自独立生活，相互之间并无归属关系。在中华民族从氏族部落走向联盟，形成统一民族的关键时期，两位伟大的领袖应运而生，并完成了这个使命，这两个人便是炎帝和黄帝。

一

炎帝，是生活在今天陕西中部渭水流域的部落首领，他姓姜，名“石年”，后人也常称他为“烈山氏”或“神农氏”。

有关他的传说很多。他看到人们以打猎为生，得到的食物不多，就走遍各地，尝遍了每一种他看到的草木，为人们找到了种在地里就能长出来的食物——庄稼。他一共找到了五种庄稼——稻、黍、稷、麦、菽，并亲手教大家耕种，这就是我们今天所说的“五谷”。他还为人们找到了各种治疗疾病的药品。为了纪念他，人们称他“神农氏”。

而中国传统医学——中医，同样把“神农氏”看作其医学始祖。

作为部落首领，炎帝在部落管理上有自己的办法。他不贪财，处理事务时赏罚分明，还很重视教育，教人们跳舞、画画、养蚕、织布做衣服、烧制陶器。因此，他也是各氏族部落首领中最有名望的。

炎帝的这些传说，内容大多虚构。然而考古发现证明，中国既是世界上最早种植农作物的国家，也是世界上最早掌握纺织技术与烧制陶器工艺的国家。中国最早的陶器，也出土于炎帝时期的陵墓。这说明，炎帝当时统率的部落，是一个人丁兴旺、生产发达、实力极其强大的部落。

在炎帝的带领下，他的部落一天天强大，还把农耕、纺织等技术传授给其他部落，因此也得到了越来越多的人拥戴。以炎帝为核

心的部落联盟在黄河流域开始形成。而就在这时，炎帝却遇到了一个强大的对手——九黎族首领蚩尤。

蚩尤在古代传说中是一个出名的凶悍人物。相传，他长着三头六臂和八只脚。头是铜做的，刀枪不入，武功也非常高强。他手下有八十一个兄弟，都是人头兽身的怪物，也和他一样凶悍。当时，九黎族生活在黄河下游，以武力强大著称，四处吞并其他部落，并形成了东方部落联盟，向黄河中游地区扩展势力。这时，炎帝的部落也扩展到了这一地区,两家终于发生了冲突。结果炎帝敌不过蚩尤，只能向北撤退。

兵败的炎帝就向另一个人求救——这时期的另一位杰出领袖黄帝。

二

按照《国语》的说法，黄帝和炎帝是亲兄弟。黄帝的部落同样发源于渭水中游，后来迁到河北涿鹿地区。在这场战争之前，他和炎帝也来往颇多，相互间还有通婚。

和炎帝一样，黄帝也是个传说颇多的人。他改良了耕种技术，学会通过观测天象来掌握农时，通过施肥来增加产量。当时黄帝的部落比炎帝的部落经济更发达，实力也更加强大。黄帝在当时的威望也极高。

炎帝向黄帝求救的时候，蚩尤带兵紧紧追赶，也威胁到了黄帝的地盘。黄帝一开始并不想打仗，派人劝蚩尤撤兵。志得意满的蚩尤不但不听，反而想把黄帝也一起灭掉。在退无可退的情况下，黄帝叹息说:“如果我不打这一仗，恐怕天下的人民就要遭殃了。”于是，黄帝联合当时黄河流域的各部落组成联军，在涿鹿平原上和蚩尤决

战。

因此，中华民族历史上的重要一战——黄帝与蚩尤之战爆发了。

在各种神话中，关于这场战争的传说也非常多。开战之后，蚩尤让他八十一个人头兽身的兄弟做先锋，谁知黄帝早养了大批猛兽，立刻放出来与之对决，把蚩尤打得七零八落。蚩尤仓皇逃窜，黄帝紧紧追赶。为了逃命，蚩尤请来“风伯雨师”等神仙助阵，在战场上刮起一阵风暴。黄帝则请来了仙女助阵，很快驱散了风暴。接着，蚩尤又作法，弄出了一片迷雾。黄帝则推出了指南车，在指南车的指引下冲出大雾。最终，蚩尤被黄帝捉住并斩首。相传，蚩尤死后，黄帝将蚩尤的图案绘制在自己的战旗上，用以鼓舞军队的士气；而蚩尤本人，因为战功赫赫，被后人尊奉为神话中的“武战神”。

蚩尤的灭亡，使许多弱小的民族部落不用再担心战争的威胁。因此黄帝的威望也达到了空前。不久，本是盟友的炎帝和黄帝也发生了冲突。两家在阪泉打了三战，炎帝被黄帝打败，部落也被黄帝吞并。以炎帝和黄帝两个部落为基础，以黄帝为领导的部落联盟，成了统一的民族——华夏族（中华民族的前身）。“华夏”二字，从此成为中国的代称。

做了领袖的黄帝，依然是传说颇多的人，据说宫殿、船、马车都是他发明的。他的妻子嫘祖还发明了养蚕，教会人们纺织丝与帛。

另一件对后世颇有影响力的传说是在氏族社会早期，各氏族部落都有自己崇奉的神明，他们把这些神明绘制成图案，并祭祀祈祷，以此求得上天的保佑。我们称这类图案为“图腾”。黄帝成为首领后，综合各部落不同的图腾，创造出了一种新型的动物图案，用来作为各部落共同的神明。这种动物，就是我们熟悉的龙。因此，中国人也就多了另一个称呼——龙的传人。

炎帝和黄帝前后相继，建立起了以氏族为单位的部落联盟。这

个联盟里原先相互独立的氏族，从此有了共同的民族身份，氏族之间的战争也就少了。他们和平往来，相互融合。分散的部落从此被凝聚在一起，而新生的华夏族也从此蓬勃发展。这是炎帝和黄帝两位领袖的功勋，由此，后世的中国人把他们看作中华人文始祖，我们也就有了“炎黄子孙”的称呼。

小贴士

黄帝战蚩尤神话中出现的指南车，又叫司南车，是一种利用机械装置来指引方向的小车。其车内有机械装置，行走时利用车轮的滑动来指引方向。它是我国古代科技的重要成果，但真正的出现时间至今还存有争议。现存最早的指南车制作图纸，产生于南宋年间。

大禹治水

黄帝成为部落联盟的领袖,是在氏族公社时期。这个时期的领袖,都要由人们推举产生。领袖如果不合格,就有可能被大家赶下去。

新的首领产生后,原先的首领要让位给他。这种让位的方式,叫作“禅让”。要想当好部落联盟首领,是非常不容易的。

要想成为部落联盟首领,同样也不容易。其流程是这样的:老部落联盟首领晚年时,开始物色继承人,让各部落的首领推举候选人,再对这些候选人进行考察,最终确定接班人。接班人确定后,便通过禅让的方式,完成权力的交接。

黄帝死后,历代部落联盟的首领都是这么产生的。在当上部落联盟首领的人当中,最有名的三个人分别是尧舜禹。他们三个加上后来商朝的开国者汤,被并称为“尧舜禹汤”,是中国古代历史典籍中公认的四位最英明的帝王。

能做到这种程度,他们三个也是很不容易的。尧以节俭著称,做部落联盟首领的时候,住在破旧的茅屋里,穿麻布做的破衣服,每顿饭都只喝野菜汤。后来尧选择接班人时,有人推举了以孝顺和勤劳著

称的舜。舜自幼丧母，父亲娶了后母后，对他很不好，后母以及后母的儿子象更是百般陷害他。舜不但不嫉恨，反而孝顺父母、关爱弟弟，更带领乡亲在历山开荒，把原本的荒山变成了肥沃的良田。因为这些良好的表现，尧把两个女儿娥皇和女英嫁给了他，并在对他进行了无数次考验后，正式将首领的位置“禅让”给他。

而比起他们两位，三人中的禹可以说最不容易。他的家庭很不幸，父亲鲧被舜所杀。遭受的磨难也更多，而他所有的磨难与功业，都与一件事有关——治水。

一

说到大禹治水，就要说到四千年前中国遭受的那场大水灾。

无论是记录神话的《山海经》，还是记录历史的典籍《尚书》《史记》等文献，对于当时那场水灾的记录都是类似的：黄河流域大水泛滥，平原的村落转眼就被吞没，幸存的人们扔下家园和土地迁居到山上，每天都有人冻饿而死，还要遭受野兽的攻击，瘟疫也大片地蔓延。躲在山顶或树上的人们，站在山顶，只见一片汪洋，汪洋中还有一具具漂浮的尸体……

在当时，人们对待这场水灾的态度就一个——治水！

这场水灾发生在尧做部落联盟首领的时候。尧召集各部落首领开会商议，大家一致推举的治水人选就是大禹的父亲鲧。

鲧是当时部落中一个非常有名望的人。相传他是黄帝的曾孙，精明能干，向来自信，决心干的事情没人能阻止得了他。这样的人当然是很适合治水的。

然而尧听了以后，没有同意，只是担心地说：“鲧这个人心眼儿不太灵活，恐怕不行吧。”一个部落首领说：“现在不派鲧去，恐怕也

没人能去了。”尧这才无奈地说：“那就让他试试吧。”

鲧这一试，就试了九年。他调动大批人手，在灾区修筑堤坝。

对治水这个任务，他很认真，甚至豁出命去干。他治水的主要方法是修坝再修坝，堵水再堵水。然而洪水一年比一年凶，直到尧禅让给了舜，洪水还没治住。论原因，正如尧所担心的那样，鲧太认真，认准了的事，谁劝都没用，可他认准了的治水方法是错的。修好的堤坝转眼就给冲毁，即便没被冲毁，堵住了这边的洪水，转眼就淹了那边。堵来堵去，照样没用。

当了部落联盟首领的舜，第一件事就是找鲧算账。鲧因为治水不力，被舜砍了头。杀掉了鲧的舜，选择的下一个治水人选，是鲧的儿子大禹。

二

承受丧父之痛的大禹，继承了父亲未竟的治水大业。

大禹做的第一件事就是做调查，带人从冀州开始，踏遍每一个有水患的地方，仔细考察当地的水文地貌，之后确定了和父亲完全相反的策略：把水疏导出去，赶进大海里！

大禹的治水方略显然是正确的：当时的技术条件较差，堤坝抗洪能力有限，每年持续暴雨时，堤坝根本无法抵抗洪水。但是想要疏通水流更难，不但需要调动大量的人力物力，更需要有丰富的水文知识和地理知识。禹如果有一条做不到，恐怕就和鲧的下场一样。

大禹迎难而上，他的办法有三个：一是开渠排水，也就是挖掘人工的水渠；二是疏通堵塞的河流，让河流分洪；三是开凿山川险地，把堵塞在山川地区的洪水排出来。大禹自己也非常无私，在治水期间，三次路过家门，想回家看儿子一眼，但想到没完成治水大业，还是

咬咬牙走了。有一次，他路过家门的时候，正好听见儿子在屋里啼哭，他强忍着对儿子的思念，还是转身回到了治水前线。除了疏通河道、排除水患外，他还要把食物发给灾民，并带领他们开辟荒地。每一次治水，他和所有的民夫一样，穿着简陋的衣服劳动，吃粗糙的食物，连他小腿上的腿毛都在常年艰辛的劳动中磨没了。

经过大禹十三年的努力，肆虐多年的水灾终于结束了。中原大地上，灾区变成了沃土，灾民安居乐业。为了表彰大禹的功勋，部落联盟首领舜，在盛大的祭天仪式上，将一块黑色的玉圭赐予大禹，并册封大禹为“夏伯”，因此大禹也被称为“夏禹”。他治水的功绩也被广为传颂。这场在大禹的带领下，由整个华夏族参与的、对抗自然灾害的壮举，便被后人称为“大禹治水”。

大禹治水的成功，也使大禹本人的威望得到空前提高。因此他顺理成章地做了舜的接班人，成为部落联盟的首领。

三

当了部落联盟首领后的大禹，比之前所有的部落联盟首领都威风。

氏族公社时期的部落联盟首领权力是有限的，遇事要召集各部落一起商讨，在大家意见统一后才能做决定，联盟首领不能想怎么做就怎么做。

大禹成了部落联盟首领后，情况就变了，他可以对其他部落发号施令。巡视的时候，当地部落首领都要手捧玉牌恭恭敬敬朝见。连生活待遇也变了，当年尧住茅屋、舜要亲自耕种，大禹则修筑了宫殿，要奴仆伺候。比起之前的各代部落联盟首领，他实在威风到了极点。

大禹这么威风，除了他个人的权力威望外，还因为历史发展的必然性。

氏族社会施行推举首领的制度，是因为当时的经济条件低下。

后来，生产发展了，部落的财富多了，做首领的人就有机会占有更多的财富，权力也就更大。连首领位置都由儿孙们来继承，世代继承首领位置的家族就成了贵族。部落里的穷人为了生活，开始给首领干活；还有许多因为战争而沦为俘虏的人，也靠给首领干活为生。这些干活的人就变成了奴隶。

这是中国历史发展阶段的一个转变期：由氏族公社社会向奴隶制社会转化。大禹是这个转变期的关键人物，他的出现加速了这个历史进程。

大禹在晚年的时候，也想通过禅让制，让一直协助他治水的伯益接班。在夏部落的反对下，这事最终搁浅。大禹死后，他的儿子夏启凭借着夏部落强大的实力继承了联盟首领的位置。禅让，这个从黄帝开始的部落联盟首领承袭制度，至此彻底终结了。登上首领位置的夏启，建立了中国第一个奴隶制王朝——夏朝。他的身份也不再是联盟的首领，而是这个奴隶制王朝至高无上的国王。中国历史也因此进入了一个新的时期——奴隶制社会。

小贴士

奴隶制是人类文明发展的重要形态。在经过了原始部落联盟时期后，人类社会产生了阶层分化现象，出现了统治阶级——奴隶主，以及受他们驱使的奴隶。这两个阶层构成了这个社会的两大等级。从夏朝至战国时代，是中国的奴隶制社会时期。

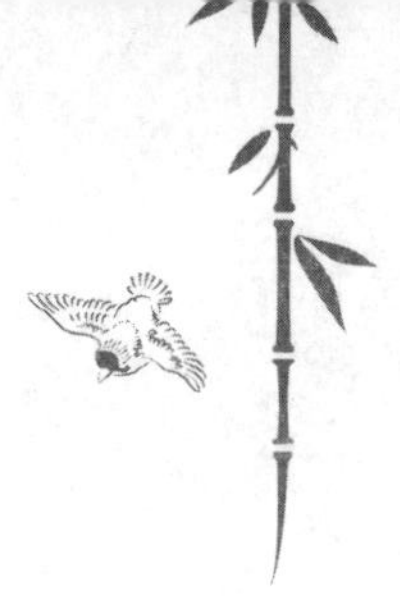

夏朝开国就折腾

开创夏朝的夏启，在大禹活着的时候，就是他父亲的好帮手。大禹成为部落联盟首领后，夏部落的日常事务也基本由夏启处理。在夏启的领导下，夏部落走向强大。最终在大禹死后，实力强大的夏启取代大禹生前指定的接班人，建立了奴隶制王朝——夏，夏启成为中国历史上第一位国王。

夏启废除禅让制时，遭到了反对。他刚登上国王宝座，有扈氏部落就叛乱了。

刚登基的夏启，不但勤政爱民，还善于选拔有才能的人，甚至杜绝歌舞享乐，很快就有了很高的威望。他带领大军亲自讨伐叛乱的有扈氏，把有扈氏打得落花流水，俘虏都被夏启充作了奴隶。夏朝的统治因此也稳定下来。

夏启以为可以高枕无忧了，不但常常出去打猎游玩，还在王宫里举行各种宴会，一玩就是几天几夜，国家大事基本撒手不管了。在他的“表率”下，贵族们个个享乐成风，终于惹出了一场大乱子。建国不到十年，夏朝就陷入了战乱不休的苦难中。

一

说到夏朝的这场大乱，还要从夏启去世说起。

当国王后只图自己享乐的夏启，在位一共九年。晚年的时候，他的第五子武观发动叛乱，虽然被夏启平定，但夏朝军队遭受了巨大伤亡，等到夏启过世的时候，夏朝已经是一个四分五裂、民不聊生的烂摊子。

继承这个烂摊子的，就是夏启的长子太康。

如果说夏启总算还有点治国才能，那么继承王位的太康就是一个十足的草包。他当了国王后，其实就干了一件事——胡折腾。

先是折腾房子，太康嫌夏朝的王宫不够大，就在洛水边上新修了一座宫殿。为修这座宫殿，国家的钱全被花光了，他还向人民征收大量赋税，强迫人民为他干活，闹得全国怨声载道。搬进新宫殿后，他日日沉迷于享乐，干脆啥都不管了。太康整天不是在王宫里开宴会，就是四处游玩，享乐的花费更是夏启晚年的好几倍，而这全是人民的血汗钱。

摊上这样的国王，有责任心的大臣们很愤怒，人民也很愤怒，但也有人高兴——太康的敌人。

太康有很多敌人，最强大的一个，就是黄河下游有穷氏部落的首领后羿。

这个有穷氏是夏朝的老仇人了。他们因擅长战斗而出名，尤其擅长射箭。夏启在位的时候，他们就与夏朝打了好多年仗。太康在位时，有穷氏也出了一位杰出的领袖——后羿。这个人是出名的神箭手，极有领导能力。在他的带领下，有穷氏一天天强大起来。

一天天强大的有穷氏，碰上一天天衰弱的夏朝，后羿是不会放

过这个机会的。但夏朝经济和军队还是比有穷氏强大，所以后羿就使了诡计。一天，趁太康外出打猎，后羿带兵埋伏在太康回宫必经的洛水北岸，等太康经过的时候，后羿立刻带兵杀出，把太康众人打得七零八落。仓皇逃窜的太康想回都城整顿兵马报仇，但回去的路也被后羿的军队堵住了。太康只好流落到洛水南岸，尝够了胡折腾造成的苦头。

偷袭成功的后羿攻占了夏朝的都城。夏朝的贵族们听说后羿打来了，吓得一个个卷包袱全跑了。人民却敲锣打鼓地欢迎后羿。一开始，后羿还不敢自己当国王，拥戴了太康的弟弟仲康做国王，让仲康当傀儡。后羿看到没人敢反对他，趁着仲康过世的机会，把仲康的儿子相流放，自己正式成为夏朝的国王。从大禹过世开始的夏朝王位世袭，才到了第三代，就这样断线了。

夏朝王位断线，夏朝的贵族们心里是不服气的。但那些耀武扬威的贵族们，这时除了仓皇逃命，只能卖身投靠后羿。部分是因为后羿实在太厉害，更是人们心目中的英雄。最主要的原因还是夏朝太差，在太康的胡折腾下，国家力量已经极其衰弱，人民对夏王朝失望透顶。他们希望后羿这个大英雄，能够带领着他们，开创一个安居乐业的盛世。

然而被看作大英雄的后羿，让他们失望了。

二

在成为夏朝国王后，后羿这位人们心目中的大英雄，终于暴露出他性格中最大的弱点——骄傲。他觉得在这个世界，已经再没有对手了。

没有对手的后羿变得越发自大。进了夏朝的都城后，见识到夏

朝王宫的富丽堂皇，后羿以及他的部下们一下子都花了眼。骄傲外加花眼使后羿也开始犯太康曾犯的错误——胡折腾。

后羿开始胡折腾的内容和当年太康差不多。他也常去打猎、举行宴会，也不管国家大事。但要说后羿没吸取太康的教训，也不完全是。太康对国家大事完全不管，后羿则不同，虽然自己享乐，但也会找人管国家大事。他把日常的国务都交给他的亲信——寒浞来处理。在后羿眼里，这是一个忠心耿耿的部下。

但表面忠心耿耿的寒浞，心里也另有打算：取代主人后羿，成为夏朝的国王。

寒浞的祖先曾经做过黄帝的部下，并被黄帝封在山东潍坊。相传当地的“寒”姓，就是起源于他这个家族。而寒浞从小就是“好孩子”，十几岁的时候就打架，被父母教育几句，竟把父母捆了起来。

为此，他被家族驱逐出境。路上他遇到一个师父，学了一身武艺。

但他害怕师父再把武艺传给其他人，居然毒死了师父全家，还烧了师父的房子。从小到大，他都是一个忘恩负义的人。

寒浞也有另一个本事：逢迎拍马。他流落到夏朝都城的时候，正好赶上后羿驱逐太康。寒浞凭着拍马屁和一身武艺，得到了后羿的赏识，被后羿收为养子。寒浞一路谨慎小心，地位也节节上升。等后羿登上王位后，他已经成了后羿最信任的心腹，连国家大事都能全权处置。

随着地位的上升，寒浞的野心也越来越大。他想尽办法哄后羿高兴。后羿喜欢美女，他就从各地找美女送给后羿；后羿喜欢喝酒，他就寻找各地最好的酒进献给后羿。他还迫害大臣，忠于后羿的大臣们，不是被寒浞赶走就是被杀害。日久天长，后羿被寒浞越哄越高兴，寒浞的势力也越来越大。到了后羿在位的第十九年，朝廷上下基本全是寒浞的人，连后羿最宠信的美女纯狐也成了寒浞的亲信。

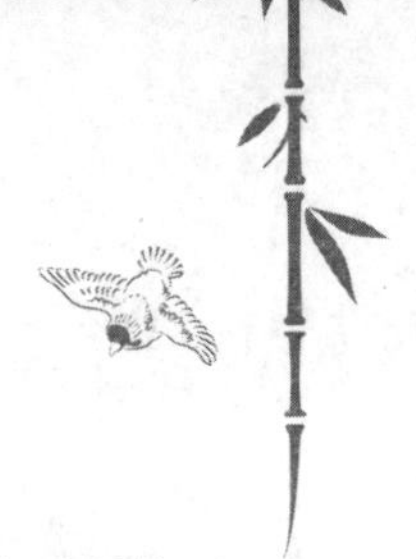

有一天，后羿打猎归来，和往常一样，在后宫里喝得醉醺醺的。

伺候后羿喝酒的纯狐通风报信，让寒浞带兵进来，把烂醉如泥的后羿当场捆绑杀害。一生勇猛无敌的后羿，没有死在战场上，却这样在阴沟里翻了船，被一个忘恩负义的小人给害死了。

比起骄奢淫逸的太康以及自大傲慢的后羿来，靠阴谋诡计当上国王的寒浞，是个更残暴的人。

太康虽然不理朝政，但对大臣还是宽容的。后羿夺取王位，也并没有杀害夏朝王族。而寒浞则不同，无论是后羿的族人，还是夏朝的后人，他的态度就四个字：斩尽杀绝。他先残酷捕杀后羿的家族亲信，特别是那些出身于有穷氏部落的人。然后他又整合军队，向夏朝各贵族的领地发起进攻。经过二十年的东征西讨，夏朝贵族的领地基本全被寒浞平定了；夏朝的贵族成员们或被杀，或被充作奴隶。一度自立为“夏王”、起兵与寒浞对抗的仲康之子相，被寒浞打得全军覆没后，又被一路追杀。最后寒浞攻占了相的领地帝丘，相带领军民殊死抵抗，并英勇战死。为了斩草除根，残暴的寒浞下令屠城，从贵族到百姓几乎全被寒浞的军队杀死，整个城市血流成河。至此，夏王朝所有的贵族、领地、军队，都被寒浞统治了。这时候，寒浞的势力达到极盛，领土也大大扩张，敌人更是尽数被消灭，和当年如日中天的后羿一样，他也貌似无敌了。

然而令寒浞万万想不到的是，他命中注定的敌人，恰好在他的军队攻陷帝丘的那一刻出现了。就在屠城的命令下达后，一个怀孕的女人冒着生命危险，从城墙的墙洞里艰难地爬出去，一路奔逃，终于躲过了这场屠杀。不久，女人在自己娘家有仍氏的部落里，产下了一个婴儿。这个女人，就是夏王相的妻子。她产下的婴儿，就是相的儿子，后来缔造夏朝“少康中兴”的一代圣君——少康。

小贴士

夏朝的历史广泛记录于商周两朝的铭文卜辞和中国古代各类史料中，但依然存有争议。因为迄今为止，有关夏朝的出土文物和文明遗址依然十分匮乏。关于夏朝的历史只能从点滴文字史料甚至神话传说中去探究答案。资料稀缺也足够说明，夏朝的奴隶制社会的文明，依然有很大局限性。

少康为何称“中兴”

在中国的史料典籍里，有一个名词叫“中兴”。这个词的意思是：一个国家在有了一段时间的衰退后，经过励精图治的治理，终于重新走向振兴，重现了繁荣富强的景象。

夏朝从夏启死后，一直在衰败。随着夏王相被杀、帝丘城沦陷，从夏启开始传承下来的夏王朝，离灭亡似乎就差一口气了。

如此局面连丢失王位的太康也痛心疾首。他被后羿流放后，走到一处荒无人烟的河边，想起了自己的种种过往，不由得懊悔万分。

之后太康下令，在此地筑城安家。部下请示，这座城应该叫什么名字呢？这时灿烂的朝阳投射在太康的脸上，太康深深地叹息一声，然后回答说：“就叫阳夏吧，有一天，我们的夏王朝能像这轮太阳一样，再一次复兴繁荣。”

当时，太康的这个愿望好像是痴人说梦。此后寒浞杀了后羿，夏朝的领地也一个个沦陷。亡国只是时间问题，还有什么希望复兴呢？

然而，太康的愿望真的实现了。夏朝不但没有亡，反而实现了

振兴，开创了一个富强的盛世。这一切的实现者，就是夏朝王室残存的后人少康。他缔造的这段盛世，便是中国历史上有史料记载的第一次“中兴”——少康中兴。

一

少康是个苦孩子。还没有出生，父亲夏王相就死在了帝丘之战中，母亲逃到娘家有仍氏部落生下了他，从此寄居在那里。

少康从小就有志气。从记事起，母亲就把家族的历史告诉了他，希望他能继承家族的遗志，实现夏朝复兴。少康也立下了这样的宏愿。长大后，他在有仍氏部落里干活，主要负责看管牲口。他干得很出色，一有机会，就向有经验的族人请教带兵打仗的学问。他还勤练武艺，很快有了一身本领。

当时的有仍氏只是一个弱小的部落，也受到寒浞的威胁。后来寒浞听到消息，知道少康藏在有仍氏，便让儿子带兵前来捉拿。少康只好离开有仍氏，逃到了另一个部落有虞氏。有虞氏的首领虞思是大禹的孙子，也是少康的同族。他对少康的志气很赞赏，不但收留了他，并委任他以官职，开始锻炼他的才能。

在有虞氏期间，少康先做管理膳食的官员，将膳食安排得井井有条。少康还学到了理财的本领。虞思很高兴，当众称赞他说：“你既有带兵打仗的本事，又学会了理财的本领，将来必定会做出一番大事业啊！”

为了帮助少康复国，虞思把女儿嫁给了他，还给了他一片方圆十里的土地，以及五百名士兵。少康有了自己的领地和军队，他以此为原始资本，开始谋求复国大业了。

此时的寒浞，势力已经极盛，军队极其强大。少康的这点土地

和军队，根本就不是他的对手，但少康迎难而上。人口少，就招募人民来耕种。军队弱，就四处招募人才。他学着大禹治水时候的样子，穿粗布衣服，辛勤工作，时刻体察人民疾苦，改善人民的生活，很快就有了威望。

虽然夏王朝的领地都沦陷了，但各地还活跃着夏王朝的宗室。

他们闻听少康正在招兵买马，纷纷迁来归附。少康父亲夏王相的重臣靡也来投奔他，还带来了大批军队。少康的实力渐渐壮大了，在河南商丘地区建立了领地。反击寒浞、恢复故国的时机，渐渐成熟了。

少康开始动手了。他先攻打寒浞的儿子寒豷，经过一番苦战后，寒豷被杀，领土被少康吞并。强大的寒浞政权因此被砍断了一条臂膀。但少康明白，这时寒浞还是非常强大的，因此没有对寒浞发起进攻。少康派大将女艾带兵，牵制寒浞的另一个儿子寒浇，寒浇果然上当。

寒浞去世之后，少康乘机正式起兵，起兵前他发布命令，历数后羿、寒浞等人的罪恶，争取人民支持。寒浞的儿子寒浇带兵抵抗，却一触即溃。最终寒浇被杀，少康收复了夏朝的旧都城安邑。在太康被后羿驱逐后，夏朝历经了一百年的战乱，最后终于由少康复国成功了。

二

在少康的统治下，夏朝经济发展，人民安居乐业，进入了繁荣时期。

而从少康复国早期的局面看，他能做到这些是非常困难的。

从太康被后羿赶走后，整整一百年里，中国历史就是一个字:乱。

寒浞为了打仗，还多次大量征召青壮年入伍。虽然他也做过一些减免赋税的好事，但在战乱的局面下，人民的苦难可想而知。

而少康治理国家的政策，可概括成八个字：“休养生息，兴修水利”。

休养生息，就是国家减免赋税和劳役，让人民能安居乐业。就跟人累了需要休息一样，国家累了，也需要休息。少康一直做的事，就是让国家和人民休息。他在位的时候不修宫殿，不轻易发动战争，寒浞时期减免人民赋税的政策，也被他继承下来。他治下人民要缴的税，比夏启和太康在位时期都少得多。碰到发生自然灾害的时候，少康还发布命令，免除人民的赋税。在他统治时期，国家经济有了很大发展，人民的日子也好过得多。

另一项政策“兴修水利”更是少康的创举。当时中国奴隶制经济已经以农业为主，碰到闹水旱灾害的情况，就束手无策。少康开始兴修水利，在黄河沿岸整治河道，修建堤坝，黄河水灾的威胁因此大大减轻。这时期，夏朝的农业技术也有一定的发展。石器农具的磨制技术大大提高，农具种类也更丰富，粮食产量和社会经济都有很大进步。

而少康最值得称道的是他的品德。他一生兢兢业业，无论是在早年起兵复国，还是后来登上王位，都保持着勤俭的作风。他每天吃得很简单，并专心料理国家大事。他在有仍氏管理过放牧，也在有虞氏管理过膳食，因此很了解人民的疾苦，做事情也能为人民考虑。

少康登位后，对外采取睦邻友好的政策，但寒浞所在的东夷部落依然持续进犯夏朝。等到少康死后，他的儿子帝杼继位，夏朝国力也强大了很多，开始对东夷反击。东夷士兵擅长射箭，一开始，夏朝吃了大亏。后来，帝杼开动脑筋，发明了一种可以防御弓箭的衣服。穿着这种衣服的夏朝军队，终于战胜了东夷，使夏朝的势力

继续向东扩展。这种衣服,就是后来中国古代战争中的常备军装——盔甲。

小贴士

由于科技文明发展水平的局限性，奴隶制社会时期的盔甲。还是以布甲和皮甲为主，到了后期才出现了越来越多的青铜甲和铁甲。

夏朝为何称国家

对于夏朝的历史地位，人们通常的评价是中国历史上的第一个王朝。也就是说，夏朝之前的中华大地，特别是尧舜禹时期，是多个部落组成的联盟。从夏朝开始，中国开始成为一个国家。

说到这里，很多朋友就会问：为什么夏朝就是一个国家？部落联盟和国家之间，究竟有什么不同？

根据历史学和政治学的定义：国家是人类社会发展到阶级社会的产物，由一个领土范围内的人群组成，有统一的行政管理机构和军队，以及完整的国家制度，并由这个领土范围人群里的统治阶级所统治。这个国家由哪个阶级统治，它就是什么性质的国家。如果是奴隶主阶级统治，就是奴隶制国家，比如夏朝。

也就是说，一个群体要被称为国家，要做到“五有”——有领土、有机构、有阶级、有军队、有制度。

所以，氏族公社确实不能称为国家。那时候，生活资料和劳动产品都是平均分配，自然也没阶级。氏族社会晚期的大禹开始建立自己的行政机构，氏族内部有了阶级分化现象。虽然领土雏形已经

有了，但奴隶制国家的制度还没有形成。所以威风了一辈子的大禹，也只是个部落联盟首领。

而真正完成这个转变的，是夏启。

按照“五有”的标准，夏朝可以被称为一个国家。而且，夏朝独创了其中的三条：有军队，有机构，有制度。

在部落联盟时期，如果联盟首领要打仗，只能从各部落调军队，打完仗后，军队还要归还给各部落。夏朝建国后，情况就不一样了。

夏朝从开国时就有一支数万规模的常备军，由国王直接统管。这支军队负责镇压叛乱和对外作战。夏朝还有了专门征调军队的兵役制度。因此可以说，夏朝军队是一支效忠于夏朝国王，有完备法令的奴隶制国家军队。

夏朝也首创了奴隶制国家机构。夏朝的官职划分，以王族血缘为核心向外辐射。中央和地方之间，实行分封制；国家分封贵族和大臣，让他们在地方上建立诸侯国。王室的官职也有明确的分工和等级，夏朝有专门负责征收赋税的官员，也有以王室的名义派到地方上监督诸侯国的官员，还有掌管农业生产以及司法行政的官员，并有专门关押犯人的监狱。一个奴隶制国家机构，就这样建立了。虽然夏朝的国家机构还处于雏形阶段，却是后来商周两个奴隶制王朝的前身。

而夏朝最重要的一点，就是有制度。作为一个新创的奴隶制国家，无论是政治还是经济，夏朝都设立了相关的制度。

政治方面，夏朝制定了中国第一部法律——《禹刑》，还有了专门的国家监狱——夏台。按照史料的记载，夏台是一种在地下挖出来的土坑，坑上面围上篱笆，是一种原始的土牢。

经济制度方面，夏朝更是贡献颇多。夏朝有中国最早的奴隶制赋税制度，称为“五十贡赋”。各部落都要向王室缴纳赋税，人民更

有义务承担王室的劳役。

夏朝的农业生产不断发展，科技文明也日益进步。科学方面，夏朝有以天干地支纪年的历法——《夏历》。夏朝出现了铜器和陶器。

另外一个在夏朝得到蓬勃发展的行业是畜牧业。夏朝不但大量饲养马匹，在黄河中游还出现了一些专门从事畜牧的部落。其中的一个部落后来取代了夏朝，建立了一个更加强大的奴隶制王朝——商朝。

小贴士

《夏历》作为夏朝时期的历法，其内容大多已经失传。后人只能从有限的文献史料中得知它的存在。

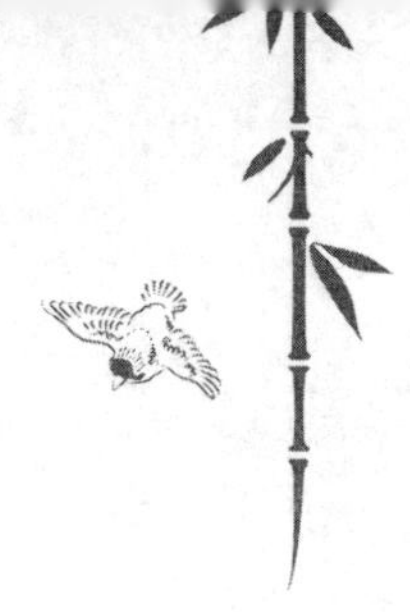

商汤的革命

强大的夏朝，为什么最后会败在一个专门从事畜牧业的部落——商部落的手里呢？

这个还要从夏朝的末代国王履癸说起。

一

夏朝从第十四代国王孔甲在位起，就开始衰落了。孔甲死后，夏朝换了两代国王，迎来了最后一位统治者——履癸。这个人在后世还有一个身份——暴君夏桀。

在成为国王之前，履癸是一个勇猛的人。他曾双拳制服过豺狼，徒步赛跑赢过烈马。他如果生在现代社会，即使不去奥运会拿冠军，也能当个世界拳王。可在那时候，单靠这些本事，显然是当不好国王的。

他当国王的时候，每天只知道吃喝玩乐，还大兴土木修宫殿。他在宫殿里修了个专门装酒的酒池，大得可以在上面行船。劝说他的大臣，轻了被他治罪，重了被他杀头。比如：大臣伊尹劝他勤政爱民，

结果被他赶走。另一个大臣关龙逢哭着对他说,如果他再不痛改前非,恐怕整个夏朝就要灭亡了。结果履癸听了大怒，当场下令把关龙逢杀了。

履癸的这些暴行引起了公愤,可他并不在意。他自己对外宣布说:我是天子，就像天上的太阳一样，想要我灭亡，除非天上的太阳掉下来。这话传出去,许多人民也愤怒了。他们对着天上的太阳咒骂说:“你这个太阳什么时候落下来啊，我们宁愿和你同归于尽。”

正在得意享乐的履癸并不知道，灭他的人早已出现了。就在关龙逢被杀的时候，另一个因为触怒履癸而被赶走的伊尹，假扮成奴隶，混入了一位部落首领的家中，并以卓越的才能，得到了这位首领的赏识和重用。这位首领，就是夏王朝的终结者——商部落首领汤。

二

商部落是华夏族的一支，祖先契曾协助大禹治水并被封为“商侯”。商部落的名称，就是由此而来。夏朝时，商部落迁到黄河下游，在商丘地区定居，渐渐成为当地一个强大的部落。

契的第十四代孙商汤成为部落领袖时，履癸荒淫无道。雄心勃勃的商汤就动了推翻夏王朝的念头。但商部落这时力量较弱，所以他对出兵攻讨之举犹豫不决。

有一天，商汤的妻子嫁了过来，陪嫁了一个奴隶厨子。商汤觉得这个奴隶做的菜不错,就叫过来聊两句。不聊不知道,一聊吓一跳。

这个奴隶满腹经纶，是个难得的人才。商汤连忙问奴隶的姓名，原来是化装成厨师的当世名臣——伊尹。

商汤给伊尹的官职是“师仆”，也就是自己的家庭教师。在商汤的部落里，伊尹的地位非常高。

伊尹也没让商汤失望。他为商汤的贡献有两个。一是教商汤治国的方法。从此以后，商汤励精图治，废除各种苛刻刑罚，减轻人民的赋税，自己也非常勤劳，天不亮就起床处理工作，天色很晚才休息。很快，商部落便出现了经济繁荣的景象。商汤贤德的名声传遍了各地，大批不堪忍受夏朝暴政的百姓纷纷投奔他。商部落的力量迅速壮大。

商汤威望的提升，也引起了履癸的怀疑。他下令商汤来拜见他。

如果商汤去了，很可能被找借口杀掉；如果不去，履癸就有借口来讨伐他。去了很可能死，不去必然会死。

伊尹仔细分析了局势，并做出了判断：履癸这个人贪图享乐，只要对症下药，商汤此行，必然有惊无险！

于是商汤去夏都朝见履癸,刚到就被履癸关押。这时伊尹行动了，给履癸送了很多珍奇宝物，又贿赂了履癸的宠臣赵梁。果然，不出伊尹所料，心情高兴的履癸大手一挥：放了吧。经过多日囚禁后，商汤有惊无险地回来了。

而这正是伊尹对商汤的另一个贡献：准确把握当时的局势，为推翻夏朝找到最好的时机，并制定出最稳妥的方略。

伊尹的方略是“步步为营”。商汤先找力量较弱的敌人下手，然后再打败那些忠诚于夏朝的部落；等时机成熟，再对夏朝总攻。

商部落第一个消灭的是河南西北的葛部落。葛部落的首领叫葛伯，这人按照今天的说法，是一个很不要脸的人。

葛伯的不要脸在当时是出了名的。他不但不爱护自己的人民，还骄奢淫逸，连祭祀这样的大事都不做。商汤派人责问他，葛伯还说自己穷，商汤就派人给他送来粮食，结果粮食全被葛伯挥霍光了，还是没祭祀。商汤又派人责问，葛伯说自己部落没人耕种，所以没法祭祀。商汤又派人替葛伯种粮食，派去人的饭食都由商汤负责，

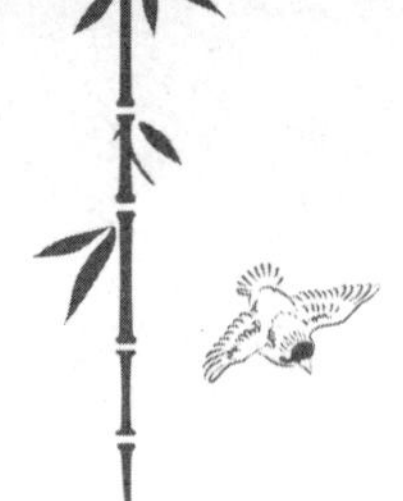

他们等于替葛伯义务劳动。葛伯却干脆不要脸到底。商汤送去的饭被葛伯抢走，连送饭的小孩也被葛伯杀了。

对这样不要脸的人，商汤不但要打他的脸，更要他的命。很快，商汤就起兵讨伐葛伯。两家刚一交手，葛伯军队就四下溃散，葛伯被商汤逮住杀了。商汤又乘胜追击，消灭了其他几个名声不好的部落，进一步增强了实力。这时候的商汤已经成了当时夏朝各部落中，力量最强大的一个，也得到了许多部落的诚心拥戴。连夏朝当年册封的许多诸侯国，也向他表示归顺。这样一来，以商汤为核心的、反抗夏朝统治的联盟形成了。

三

伊尹觉得，对夏朝发起总攻是需要等待时机的。当时最忠诚于夏朝的部落——九夷武力最大。

在帝杼征服东夷后，将东夷分成了九个部落，号称“九夷”。历代夏朝国王对九夷都采取和解抚恤的政策，使他们逐渐融入了华夏族。他们以其强大的武力，成为夏王朝最忠诚的保卫者。商汤如果不争取到九夷的支持，就其实力来看，推翻夏朝基本是没戏的。

对这个问题，伊尹只用了一招——投石问路，就是先试探九夷对夏朝的忠心。

所以，商汤故意不向夏朝进贡，履癸果然怒了，下令九夷攻打商汤。九夷立刻来了精神，眼看就要向商汤杀去。商汤立刻服软，表示愿意进贡，有了面子的履癸，也就取消了进攻。他最后一次可以消灭商汤的机会，就这么悄然地逝去了。几年后，履癸横征暴敛，引起了九夷的反抗，总攻夏朝的时机终于成熟了。

商汤抓住时机，于公元前 1600 年，召集各诸侯开会，宣布讨伐

履癸。商汤对大家说："我不是叛乱，是上天要我消灭夏朝。谁不去讨伐他，就是反对天命。"本来就对夏恨之入骨的士兵们，士气更加高涨。商汤的这段训话，也被后人整理了一个名篇——《汤誓》。

士气高涨的商汤大军浩浩荡荡地杀向夏都。履癸大惊失色，连忙整顿兵马抵抗。双方在鸣条（今山西运城）打了一仗，商汤动用了五千名步兵，外加七十辆战车。商汤的军队士气高涨，个个勇敢冲锋，履癸的军队本来士气就低落，立刻就崩溃了。履癸带着五百残兵逃了出来。商汤紧紧追赶，从山西一直追到安徽，在一个叫"南巢"

的地方把履癸活捉。统治中国四百多年的夏王朝彻底消亡了。

胜利后的商汤，建立了一个新的奴隶制王朝——商朝。由于在灭亡夏朝时，他宣称的是"执行天命"。所以古代人也把这场战争看作"天命"的变革。这场战争也被叫作"商汤革命"。成为国王后的商汤，像当年做部落首领一样励精图治，很快使商朝成为一个强大的奴隶制帝国。

履癸战败被俘后，商汤没有杀他，把他流放在南巢的山里。履癸死后，商汤给他封了一个谥号——夏桀。桀的意思是暴虐无道。

从此"夏桀"就成为后世对暴君的通用称呼。履癸（夏桀）临终前反复说的一句话就是："我真后悔啊，那年我把商汤囚禁在夏台，怎么就没杀了他啊。"

小贴士

"商汤革命"的意思，是指商汤执行上天的命令，推翻腐朽的夏王朝。在中国古代，王朝的更替往往被看作天命的变革，因此也被称为"革命"。与我们现代所说的"革命"，意思完全不同。

商朝究竟有多牛

四大文明古国指四个有悠久历史和灿烂文明的古代国家。它们分别是古巴比伦王国、古印度王国、古埃及王国、古代中国。

相比其他三个文明古国，作为中国第一个奴隶制王朝的夏朝，无论是经济发展水平，还是奴隶制制度的成熟完善，都还是不足的。

奴隶制制度虽然已经建立，但还处于雏形阶段。

但是，商朝截然不同。夏朝的奴隶制制度，在商朝日渐发展成熟。商朝的国家实力，在当时的世界上，是东方最强大的。商朝的经济、文化乃至科学技术，都在历史上占有重要地位。它的繁荣强盛，意味着中国的奴隶制社会从此进入了成熟阶段。

一

商朝的强大主要源自几个方面：辽阔的疆域、强大的军队、发达的生产力、完善成熟的国家制度。

商朝的领土北到辽宁，西到陕西，东到黄海海边，南到湖北，

还包括今天江苏、浙江、甘肃以及四川的部分土地。在同时期的世界版图上，它是一个国土辽阔的大国。

商朝的国家军队叫作“王室军”。军队的管理体系，分为师、旅两级。一个旅，大约有步兵 3000 人，三个旅组成一个师。加上其他兵种，军队大约有万人的规模；军队管理制度也更严格。士兵主要来自贵族和平民，平日里除了耕种，还要进行训练，练习格斗和射箭等作战技术。有时候国家还会组织各种军事演习，来考察士兵们的训练情况。

商朝军队最先进的就是武器装备。商朝军队的装备，包括作战用的戈和弓箭箭头，都由青铜铸造，杀伤力也更强。盔甲以皮甲为主，也出现了青铜铸造的胄。商朝发达的畜牧业给军队提供了大批战马。商朝军队的车兵都用马来拖动战车，因此，军队的机动力也大大增强。

而与军队强大相关的，就是商朝先进的科学技术。

商朝科技的最重要成就，就是青铜器冶炼技术的成熟。商朝的青铜器不但数量多，而且冶炼技术更先进，既有做工精巧的小型青铜器皿，也有气势庞大的大型青铜器具。著名的“司母戊鼎”是商王祖庚为祭祀母亲而铸造的，高 133 厘米，重 832.84 千克，是现存先秦之前最重的青铜器。另外还有演奏音乐用的编钟，不但做工精美，还按照四音阶来区分音律。由此可见当时商朝青铜器铸造工艺的精湛。到了后来，连人民生产用的工具，比如砍树用的斧子、凿子，也都由青铜器铸造。生产力自然大为发展。

在天文历法等方面，商朝也相当先进。商朝数学有了十进位制，商朝的天文记录了大量关于日食和月食的内容。商朝还发明了文字，这是中国发现的最早的、体系最完整的上古文字。因为文字刻在龟甲兽骨上，因此又称甲骨文。商朝成了中国历史上最早的、有文字

记录的朝代。

二

拥有辽阔国土、强大军队，以及繁荣文化的商朝，同样也有着完善成熟的奴隶制国家制度，以及繁荣的经济。

商朝的官职，分为内服官和外服官。在国都任职的叫内服官，在国都之外工作的就叫外服官。内服官又分为处理国家大事的外廷政务官和处理王室内部事务的内廷事务官。外廷政务官中，地位最高并辅佐国王处理国家大事叫作“相”。中国王朝的传统官职“丞相”，就是从这里起源的。

在土地制度和赋税制度上，商朝全国的土地都归商朝国王所有，这些土地的一部分被国王分给大大小小的诸侯，叫作“封邑”。其他的部分则变成国王自己的田庄。商朝也有许多平民，他们除了种地之外，也会在农闲的时候生产手工业品，换取生活所需。所以奴隶制度下的农业、手工业、商业，在商朝都有了发展，尤其是商业。商朝时期，造船业和运输业都有所进步。许多商人长途跋涉，在各地之间贩运货物。商朝晚期的都城朝歌也出现了专门用于贸易的集市，以及大量的商贩。

商朝的赋税制度也比夏朝更加成熟。国家税收规定，有七十亩农田以上的人就要交税，除了要交田税外，还要交“助”，也就是农人要无偿帮助国家耕种“公田”。公田所有的收入都要交公。因为生产力发展和制度完备，国家的财政收入也比前朝多。

更加完备的是商朝的法律制度，商朝的法律沿袭夏朝。商朝从畜牧部落时期开始，就极其敬奉鬼神，所以商朝的法律也格外突出“天命”的思想。每一条法律条文都宣称执行的是“天命”，因此负责占

卜祭祀的神职人员，在商朝的地位也很高。

在这样完备的政治经济制度下，商朝的奴隶制经济有了蓬勃发展，人口也大大增长。根据后人推测，商朝的人口，最多时已经到了 500 万至 700 万，军队总数到了 12 万到 15 万。相较于当时世界上其他国家的情况，这是一个了不起的数字。

小贴士

甲骨文，又称契文，是中国最古老的成熟文字。汉字刻于兽骨之上，主要内容为占卜卜辞，也记录了商代各类政治活动。它上承原始社会符号，下承青铜铭文，在中国汉字发展史上，有着承前启后的意义。

盘庚迁殷，三千年前的民族大迁徙

公元前 1600 年商朝建立，之后的整整三百年间，中原大地，尤其是黄河流域，多次出现这样的情景：许多欣欣向荣的城市，一夜之间成了空城，居住在这里的人们扶老携幼地迁移到另一个地方，而原先的城市渐渐地荒芜……

这些被荒废的城市，都有一个共同的身份——商朝早期的国都。

在商朝建国的前三百年里，商朝一共换了五次国都，而商朝的人民也就跟着搬了五次家。他们在黄河流域来来回回地折腾，为什么会有这样的情况呢？

一

商汤推翻夏朝后，就定都在一个叫“亳”的地方，那时他决心以“亳”为基地，将商王朝建成一个强大的王朝。早期帮助他建立商朝的两位重臣——仲虺和伊尹，被他任命为左右相。两位贤臣用心辅佐，而商汤本人勤政爱民，并通过各种方式缓和矛盾，减轻人

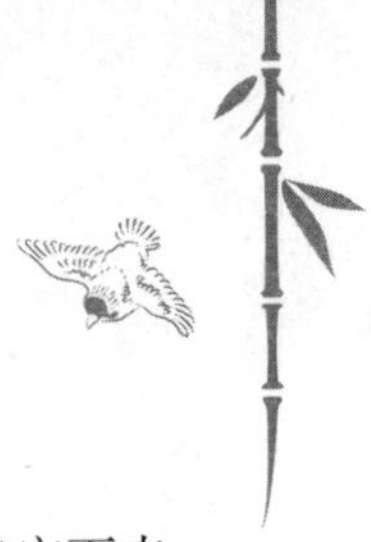

民的赋税,善待夏朝的王室。这些措施使商朝的统治很快便稳定下来,恢复和繁荣了经济。同时，商朝的国家体制、政治经济制度，也在这时期得以确立。

商汤死后，之后的三代国王都继承了他的志向，使商朝的国力持续增强。到了第四代国王——商汤的嫡长孙太甲在位的时候，商朝出了乱子。太甲这人性格暴虐，登基之后倒行逆施，使得尚健在的重臣伊尹一怒之下，发动政变把太甲软禁，以“摄政”

的身份代替太甲处理国事。被软禁的太甲，经过三年反思，终于悔悟了之前的过失。伊尹因此释放了太甲，把国家大权还给了他。从此之后，太甲像商汤一样励精图治，终于使商朝进入了一个盛世。

然而从商朝第十代国王中丁过世开始，围绕着王位继承问题，商朝王室内部展开了一场持续多年的内斗。

发生这样的内斗是因为商朝王位传承方式不明确。商朝的历代王位传承中，既有儿子接父亲班的，也有亲弟弟接了亲哥哥班的，甚至更有堂弟接了堂兄班的，到后来，就变成谁力量最大谁就能接班。

因此，他们很容易打起来。

第十代国王中丁在位的时候，商朝也正赶上多事之秋，国家遭遇自然灾害频繁，又有蓝田部落的进犯。这一时期，仲丁把国都迁到了隞，这是商朝历史上第一次迁都。

中丁死后，他的几个弟弟为了争王位，相互发兵攻击，最后，外壬登基。外壬在位时，有两个实力强大的诸侯国叛乱，蓝田等部落也趁机骚扰，外壬在内忧外患中病逝。接替王位的是他的弟弟河亶甲，他把国都又迁到了相。这之后一直到第十八代国王阳甲，每一代国王登基，都要经过王族内部残酷的争斗，才能胜利得到王位。

商朝的国都又搬了两次，一次是第十三代国王祖乙，把国都搬迁到了邢，另一次是第十七代国王南庚，把国都迁到了奄。迁都的原因主要有两个：一是自然灾害频繁，被迫搬迁国都；二是持续的内部斗争，胜利者为了稳固统治，只能迁都换个地方发号施令。商朝这段时间的历史，就是内斗再内斗、搬家再搬家，没少折腾。不断折腾的商王朝，渐渐走向衰落。

如果照着这个局势下去，商朝的灭亡恐怕要提前了。这个时候，一个扭转商朝命运的人出现了。他导演了商朝历史上最后一次迁都，并带领商朝迎来又一个黄金盛世。他就是商朝第十九代国王盘庚。

二

盘庚是上一代国王阳甲的弟弟。他就任国王的时候，商朝的国都在一个叫作“奄”的地方。那时候的商朝正处于最衰弱的时期：王族内部矛盾重重，外敌不断侵扰，许多臣服于商朝的部落诸侯也跃跃欲试。

盘庚是个很有志向的国王。他决心扭转商朝衰弱的局面，重新振兴王朝。为了这个目标，他决定再次迁都。

虽然迁都对于这时候的商朝已经不是稀罕事，但盘庚迁都的决定，还是激起了贵族们的一片反对声。自从南庚迁都到奄以后，商朝的王族在这里生活了不过十几年，现在好不容易安定下来，又要搬家，大家当然不同意。

但盘庚搬家的意向很坚定。国家要振兴，都城必须是一个物产丰富、富有发展潜力的地方。盘庚找的地方就是今天的河南安阳地区，要迁移到那里，就需要再次长途跋涉，经历颠沛流离之苦。

盘庚面临着极大的阻力。许多贵族不但反对迁都，还叫人闹事，以动摇盘庚的决心。盘庚苦口婆心，反复对大家解释：迁都是为了振兴国家并让人民休养生息；而且迁都不只是他的主张，也是上天的旨意。在他的坚持下，艰苦的迁移终于开始了。成群结队的人们再次扔下家园和土地，跟随着他们的国王，向着一个新的未知目标前进。他们渡过黄河，经历种种艰难后，最终胜利到达目的地——河南安阳。盘庚在这里建了新都城，叫作殷。从此以后，商朝也被称为“殷商”。

虽然在盘庚提出迁都，乃至迁都开始后，很多人依然在反对迁都，甚至在心里责备他，但是在殷定居后，绝大多数责备他的人都从心里敬佩他的远见卓识。殷，是一个适合做国都的地方。正是以殷为基地，原本已经衰落的商王朝重新走向了繁荣。这以后一直到商朝灭亡，殷一直是商朝的首都，又称“朝歌”。

殷最大的优势，是它临近黄河，交通便利，而且土地肥沃，物产丰富。盘庚也采取了许多发展生产的措施：鼓励人们开辟山林荒野，发展养鱼等产业，并减免人民的赋税。统治逐渐稳定下来后，盘庚借机改良商朝的政治制度，提高个人权威。商朝的奴隶制国家集权程度因此大大加强。原来只是荒僻小村的殷逐渐变成经济繁荣的大城市。原先反叛的诸侯们纷纷跑到殷都来朝见盘庚，之前骚扰商朝边境的各个部落，也纷纷派使者来谢罪。

但是，富裕起来的商朝，边境上总遭到一些部落骚扰。随着商朝国力的日益强大，盘庚之后的国王们也开始发动反击，并扩张商朝的领土。其中最有名的，就是商朝第二十二代国王——武丁！

小贴士

殷墟，商代都城“殷”的遗址，位于河南安阳市殷都区小屯村附近。该遗址于1908年被发现，1928年起开始被发掘。它对于研究商代的历史，有着无与伦比的考古价值。我们对殷商历史的诸多了解，大多来自对殷墟的考古研究。

战神夫妻，武丁妇好

商朝在盘庚迁都之后过上了几代和平的生活。但是，为什么又重新爆发了战争呢？

一

商朝要打仗，实在是迫不得已。自从商朝建立，他的四面八方就没少过敌人。

商朝的东南西北有很多正在兴起的新兴部落。他们以游猎或放牧为生，军事力量强大，时常骚扰商朝的边境，杀害商朝的人民。

盘庚在位共三十年，主要做了三件事：第一是削弱贵族的实力，强化王权，使国王的权威大大增强，掌握更多的军队；二是发展生产；第三则是培养王位接班人。盘庚死后，商朝相继在位的两个国王是小辛和小乙。在这两位国王掌权期间，商朝的国力也在继续上升。

这期间的商朝，因为国力有限，对周边的部落采取和平忍让的政策，不轻易打仗。但是，随着局势的发展，商朝国王发现，不打

不行。迁都后的商朝在走向强大的同时,商朝的敌人同样也慢慢壮大。

商朝的敌人，主要有南面的虎方、北面的鬼方、西北的羌方。这些都是以游牧打猎为生的部族，垂涎商朝繁荣的经济。盘庚迁到殷之后，被周边部落侵扰得不胜其烦。商朝再不采取行动，恐怕会被他们瓜分。

在这个关键时期，商朝出现了对他们采取行动的人——商朝第二十三代国王武丁。

武丁是小乙的儿子，年幼时就受到了良好的教育，还曾被派到民间和平民一起劳动。因此，他知道人民的疾苦。他最崇拜的人是开创商朝大业的商汤。成为国王后，雄心勃勃的武丁坚决地继承祖先的遗志，振兴商朝。

为了这个理想,武丁做了很多事。他像当年的商汤一样兢兢业业,只吃很简单的食物，每天勤于工作。他提拔了奴隶出身的傅说，任命其为相，还特别善于听取别人意见。为了团结诸侯，武丁还进行联姻，和诸侯通婚，使诸侯与王室的联系大大加强。就这样，商朝的政治和军事，在武丁即位后，很快有了飞速的发展。

就在武丁励精图治、努力振兴国家的时候，商朝的边境形势变得越来越恶化了。武丁知道，要想让他们消停，只有把他们消灭。但打仗并非儿戏，除了需要强盛的国家实力，还要训练有素的军队，以及本领高强的统帅。武丁找到了这样的统帅——他的妻子妇好。

二

妇好既是武丁的原配，也是他的王后。当然，在中国历史上，她还有另一个身份——中国第一位女将军。

妇好从哪里学来的军事本领，这个在历史上记录不多，但她有

很强大的军事本领。在武丁早期整顿国事、发展军队的时候，她就是武丁的好助手，还协助武丁举行过各种军事演习。如果说武丁是商朝军队的最高统帅的话，那么妇好就是仅次于武丁的人物。

妇好真正独立领兵，是因为武丁决定消灭土方部落。这个土方部落，生活在离商朝都城殷北边一千多里的地方，时常侵扰殷城周围领域。武丁年轻时被父亲派到民间劳动时，就常听人哭诉土方的劣迹。对于这个敌人，武丁早就恨得咬牙切齿了。

土方不但可恶，而且很难打。武丁派了几个将领带兵，却都打了败仗。妇好主动请缨，只打了一仗，就把强悍的土方打得落花流水。土方仓皇向北逃窜。妇好带兵紧紧追赶，把这个常年侵扰商朝的部落彻底消灭了。土方的人民也并入了商朝，并成为华夏族的一部分。

打败土方的武丁，又迎来了他人生中最强大的对手——鬼方，也是他最艰难的一战。

鬼方活跃在河套草原一带，是常年笼罩在商朝北方的一片阴云。

他们实力强大，不但常深入中原骚扰，还煽动诸侯发动叛乱，再趁着商朝讨伐叛乱的时候趁火打劫。

公元前1296年，商朝平定了土方不久，鬼方就故技重施，勾结商朝的诸侯——下旨（诸侯国名）叛乱。

商朝调动了五千兵力平叛，平定了下旨。平定下旨后，商朝还不断地增兵，七次下令征兵，武丁亲自率兵出征。到了第二年七月，商朝军队竟然多达两万三千人。这个数字比当年商汤讨伐夏朝时，多了足有近五倍。这也是商朝自开国以后最大规模的军事行动。

鬼方这才知道，这次武丁的目标不只是平叛，而是彻底消灭他们。

这场商朝开国以来最大规模的战争开始了。战斗打了三年，武丁主持了多次祭祀，并在战争中身先士卒，鼓舞士兵们奋勇冲杀。

商军士气大振，节节胜利。公元前1292年，商军彻底击败了鬼方。

这个商朝北方最强大的威胁，至此被解除了。

征讨鬼方时，一些武丁信任的大臣都反对。他们担心别的敌人趁机侵扰。这里的“别的敌人”，就是商朝的另一个对手——西北方的“羌方”部落。

如果说“鬼方”是商朝的最大威胁,那么“羌方”就是其第二威胁。

他们游牧在陕西、甘肃地区，这里在当时人烟稀少，地形复杂，作战难度极大。鬼方战败后，羌方这个“ 第二威胁”就变成了商朝最大的威胁。征讨羌方要选拔得力的统帅带兵，武丁选择的统帅还是他的妻子妇好。

就这样，妇好开始征讨羌方。经过艰苦的作战，妇好彻底击败了羌方，使羌方重新效忠商王朝，并且世代进贡。商朝西北的边患，因此也彻底解除了。

土方、鬼方、羌方——三大敌人的战败，使商朝的边境太平、人民安居乐业、生产极速发展。这之后，武丁又发动了对南方许多部落的征讨战争。为了巩固统治，他把新获得的土地分封给作战的有功将领们，并修筑城池建立政权。武丁晚年的时候，商朝的领土北到蒙古草原、西到甘肃、南到江汉平原，其疆域达到极盛。

而妇好因为多次征讨的胜利，也得到了武丁的尊敬。武丁不但让她带兵，还让她主持商朝的祭祀，还一起带兵作战。妇好去世后，武丁悲痛万分，将她埋葬在王宫旁边。在后来出土的妇好墓葬里，不但有玛瑙等装饰品，还有各类兵器。其中一件她生前用过的铜钺重达九公斤，可见妇好是一个力气很大、武功精湛的女战将。

除了妇好以外，武丁还有一位叫“邢”的妻子，她后期也经常领兵作战。为了表彰她的功勋，武丁把一块土地封给她，并修筑了城池，这就是今天的河北邢台。

三

武丁在位共五十九年。这期间他通过开疆拓土，建立了一个幅员辽阔、国力强大的奴隶制帝国。商朝的经济、文化、国家实力，也在此时到达了顶峰。

然而到达顶峰后，商朝很快走向了衰败。如果说武丁前期的战争是为了反抗侵略，获得和平发展的环境，那么，到了后期，他的开疆拓土却给人民带来了苦难。等到武丁过世后，留给后代国王的是一个表面强大繁荣，内部却矛盾重重的商王朝。这个王朝没有灭亡在外敌手里，而是被自己治下的一个小部落——周部落给取代的。

小贴士

虽然武丁一生征战，但他个人非常牵挂民生。晚年的武丁除了四处征讨外，还经常外出视察农业生产，并带领老百姓抗击自然灾害。在一次带领大家抗击蝗灾时，劳累过度的武丁病故了。他被葬在河南省西华县。这就是今天中国保存最为完整的奴隶制时期的帝王陵墓——武丁陵。

武王伐纣与《封神演义》

在武丁时期达到强盛顶峰的商朝是怎么走向衰落和灭亡的呢？

一

商朝的危机在武丁晚年时就暴露了出来。武丁过世后，他的儿子祖庚即位，祖庚也是个颇有作为的帝王。他努力发展生产，使商朝的局面继续稳定发展。祖庚死后，他的弟弟祖甲即位。祖甲早期还能实行仁政，后期就不行了，发动了对西戎的战争。为了打仗，他大肆征收赋税，并订立苛刻的刑罚。这样一来，商朝就渐渐衰败了。

祖甲死后的六代国王，更是一代不如一代。在甲骨文记录里，那时商朝城市里的手工业者、平民，甚至贵族家的奴隶，多躲避压迫而逃亡，生产遭到了很大破坏。国王们除了不断给人民加税外，还屡次发动对外战争。这样一来，表面强大的商朝开始走上夏朝灭亡的老路。

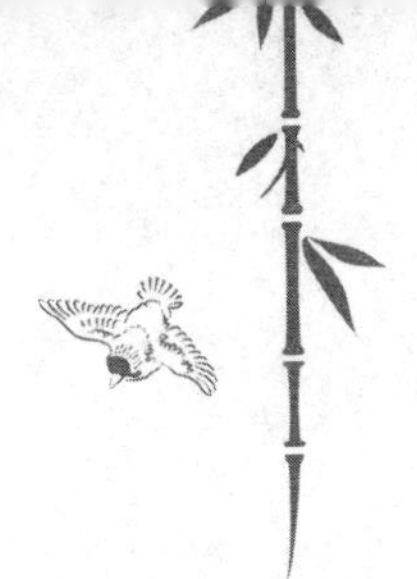

这个时期，在陕西渭水流域的岐山地区，一个部落开始强大起来，这就是周部落。

周部落是黄帝的后裔，定居在陕西岐山下的周原地区，因而将“周”作为部落的名称。周部落接受了商朝的统治。商朝征讨“鬼方”“羌方”等部落时，周部落都曾派兵参加。到商朝第二十八代国王文丁在位时，周部落的头领季历被册封为“牧师”，并有了爵位——“西伯侯”。这时候周部落已经从早期的小部落，变成了商朝统治下的强大诸侯国，因此也叫作“周国”。

强大起来的周国引来商朝的猜忌。季历受商王文丁派遣，征讨戎族部落。战斗胜利后，季历带着俘获的三个敌方首领，到殷都来表功，不想文丁竟然下令把季历一起逮捕。结果，季历先遭囚禁，后来又惨遭杀害。他死后，儿子姬昌继承了周国的爵位。他就是后来周朝追奉的开国始祖——周文王。

姬昌身负杀父之仇，对商朝自然非常痛恨。但这时周国力量还很弱小，只好对商朝采取恭顺的态度。

周国渐渐变得强大，而商朝却在变弱。文丁死后，即位的帝乙不但面临着严重的内忧，还遭受着新的外患——淮河流域的夷族入侵。这场战争旷日持久。帝乙过世后，儿子帝辛继续对南方用兵，征服了淮河流域的夷族，使华夏族的文化扩展到了今天淮河流域一带。但商朝的国力，因此也大大减弱。

这位击败夷族的帝辛就是历史上有名的暴君——商纣王。

二

帝辛这个人早期得到的评价还是很高的。他长得漂亮，从小就很聪明，武功也好。刚当上国王的时候，帝辛还做了很多好事。比如，

他重视农业生产，大力发展纺织业。在位的前十几年，国家收入增加，经济恢复发展，人民也过了几年好日子。他自己的威望也得到空前的提高。

然而越往后，他就越不像话了。

帝辛是个很喜欢享受的人。经过十几年的生产发展，国家财富也有所积累，贪图享受的帝辛也就无所顾忌了。他的享受方式及奢侈程度，不但商朝的历代国王望尘莫及，就连夏朝末代国王履癸，恐怕也差了三分。

帝辛先是大兴土木，修筑豪华宫殿，命名为“鹿台”，不但有样学样地造了酒池，还有新的“发明创造”。他把各种珍奇的肉类全都挂在树上，并命名为“肉林”。就这样没过多久，商朝多年来攒的财富，很快就被他糟蹋光了。

为了揽财，帝辛开始增加赋税，并且制造了各种残暴的刑罚，以惩罚交不起税的人民。他自己也听不进不同意见，还惩罚有不同意见的大臣。他处死大臣的方式，是找一根铜柱子，用火烧得通红通红的，再把人捆在上面活活烤死，名为“炮烙”。在杀人这方面，他连自己的亲人也不放过。他的叔叔比干曾劝他爱惜民力，结果被他处死不说，还在死后被他剖开尸体，将内脏挖出来示众。帝辛可谓残暴到了极点。

就在帝辛倒行逆施的时候，由姬昌统帅的周国在默默地走向强大。姬昌在当时名望很高，其所作所为都是和帝辛反着来的。帝辛横征暴敛，姬昌减轻赋税；帝辛骄奢淫逸，姬昌勤俭节约；帝辛四处征讨，姬昌则帮助弱小的诸侯。天长日久，帝辛的名声越来越臭，姬昌的名声越来越响。

有一天，姬昌带部下出去打猎，路过渭水的时候，看到一个七十多岁的老头在钓鱼。这老头见了姬昌，也不躲避。姬昌的部

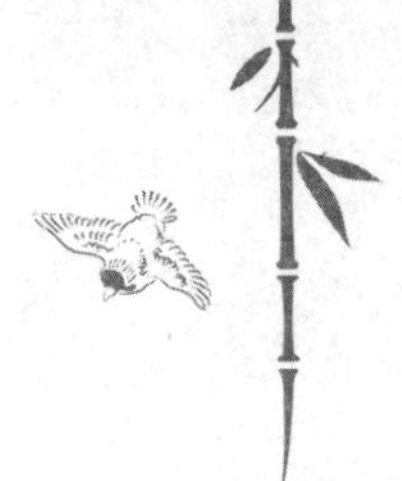

下大声呵斥，老头也装作听不见。这下姬昌对他感兴趣了，走过去和老头聊了几句,一聊姬昌就高兴坏了。这个老头精通兵法韬略，对当时的天下大势更是分析得头头是道。没错，这就是姬昌需要的人才！

这个老头姓姜名尚，在后世被称为姜子牙。他是当时大名鼎鼎的军事家，更被后世看作中国兵法的始祖。

姜尚的出现，让姬昌十分高兴，当场命他和自己一起同车回去，并任命他为军师，协助自己处理各种军政大事。但是其他人却怀疑：就这么一个其貌不扬的老头，能帮助姬昌完成灭商大业吗?

姜尚用后来的行动回答：能！

三

按照历史资料的记载，在姜尚的帮助下，周国的实力、军队战斗力以及姬昌的威望都迅速提高。最终姬昌的儿子——周武王姬发，出兵将商朝灭了。具体说来，姜尚为姬昌做的，主要有如下几件事：

第一件事就是改革经济，改良了自夏朝起开始实行的井田制。

周国规定：各级官员的土地就是他们的俸禄来源。这样一来，农耕得到大量推广，生产也高速发展。周国发动战争的物资储备，就这样积累下来了。

第二件事，搞关系，搞好与商朝的诸侯国的关系；同时搞情报，在商朝的都城殷安插卧底，随时掌握商朝的一举一动。后来，周武王发动灭商战争的时候，天下三分之二的诸侯其实都倒向了周国。对于商朝的军政大事，周国都了如指掌。

最后，也是重要的一件事，就是整顿军队。这也是周国与商朝差距最大的地方。商朝的军队当时以战斗力强大著称。相比之

下，周国的军队就逊色多了，装备训练跟商朝没法比。姜尚制定了严明的军纪。同时还挖墙脚，招募其他诸侯国的将领，甚至让商朝的名将为周国效力。很快，周国军队成了一支可以抗衡商军的劲旅。

在做足了准备工作后，姬昌开始行动了。他先平定了以残暴著称的诸侯国——密须国。这场战争打得相当轻松，还没有开战，早就不堪密须国暴政的人民，就把密须国诸侯捆了送给姬昌。陆续平定了一些小诸侯后，姬昌向商朝的“铁杆诸侯”崇国开战。经过一番苦战后平定了崇国，将崇国的都城丰邑当作周国的首都。这时候，姬昌已经得到了大部分诸侯的拥戴，消灭商朝指日可待。

在姬昌即将迈出最后一步时，他突然病故了。他的儿子姬发继承了他的王位，也继承了他未完成的事业。

四

姬发即位后，沿用姬昌在位时的政策，拜姜尚为“太师”，让其总领军政大权。姬发还在河南孟津举行阅兵仪式，参加阅兵的诸侯有八百多个。消灭商朝就剩下最后一步了。公元前 11 世纪，姬发率领五万大军，开始了和商王朝的决一死战。

直到姬发的大军进抵黄河流域，得到消息的商王帝辛才回过神来。在生死存亡面前，他亲自带领全国的军队上阵抵抗。双方在牧野（河南淇县）对峙，展开了中国古代史上一场著名的战争——牧野之战。

当年商汤灭夏朝的时候，一共带了五千人。这次，姬发攻打商朝，兵力是当年商汤的十倍——五万人。至于商王帝辛这边，对兵力的说法颇多，有的说十几万，有的说七十万。公认的说法是，数量肯

定比姬发多。

但是，两者质量上就不一样了。姬发的五万人是经过长年严格训练的。战车有四千辆,还有三百辆装配精良武器的高级战车——“戎车”。相比之下，帝辛这边水分就大多了。军队里有作战经验的士兵很少，绝大多数是奴隶临时改编的，基本属于凑数。

到真打起来，差距就很明显了。姬发用他的“致师”冲锋，还用戎车围攻。帝辛的军队立刻崩溃,那些奴隶出身的士兵还临阵倒戈，掉转矛头杀向帝辛。

兵败的帝辛逃回殷都，在他的豪华宫殿鹿台上放了一把火，跳进火里自杀了。伴随着这场熊熊烈火，统治中国六百年的商王朝彻底灭亡了。灭了帝辛的姬发将国都定在镐京，建立了中国历史上的第三个奴隶制王朝——周朝。

随后，姬发向全国昭告帝辛的罪过，并将他命名为“纣王”。从此以后，“桀纣”就成了后世对暴君的代称。而这场战争也因此得名——武王伐纣。明朝时期，许仲琳以这段历史为素材，写出了神话小说《封神演义》。

小贴士

虎贲，原本是周朝精锐军队的名号。周朝胜利后，这个称号被沿用至今。今日这个词往往用来形容军队中的勇士或战功卓著的军队。

伯夷叔齐为何不食周粟

一

公元前 11 世纪的一天，一支五万人规模的大军，正行进在中原大地上。大军军容齐整，战旗飘扬。士兵们装备精良，士气高涨，所过之处，各地的诸侯人民要么真心归附，要么叩头朝拜。这支大军，就是当时周武王姬发讨伐商纣帝辛的大军。

然而，这时候，两个衣衫褴褛的老人，居然站在队伍前面，挡住军队行进的道路。不管士兵们用武器威胁，还是好言劝说，他们都不后退。两位老人嚷嚷着要见这支军队的统帅周武王姬发。为了安抚人心，姬发事先下过命令，禁止军队滥用武力，所以士兵们也不敢动粗，只好赶紧向姬发汇报。

姬发听后也觉得奇怪，于是乘战车来到两人面前，和善地问他们："你们有什么事吗？"

两人当中年长一点的老人正色说："你是不是要去讨伐商王（纣王帝辛）？！他是天子，你是他的诸侯，做诸侯的怎么能讨伐天子呢？

这是大逆不道啊！”

姬发听了脸色一变，好不容易忍住没发火。旁边那个年轻点的老人也接过话头：“现在商王无道，所以你更应该辅佐他。你现在停止进军，回到你的故地去，这样才会得到大家的称赞。”

听到这番话，姬发气坏了。姬发身边的兵将们也忍不住了，亮出了家伙，就等着满脸怒气的姬发一声令下，把这两个胡说八道的老头砍成肉酱。

“慢！”这时候，姬发身边的姜尚发话了。

“大王，”姜尚小声地对姬发说，“他们两个可不能杀啊！”

“哦？”姬发疑惑地看着姜尚。

姜尚一字一句地说：“我认识他们，他们两个就是伯夷和叔齐啊。”

听到这两个名字，姬发脸上的怒气立刻消散了。他平静地对部下说：“不要杀他们，把他们拉走，别挡了我们进军的路。”

几个精壮的士兵把两个人给拽走了。这两个人被拉到一边，望着姬发大军行军的背影，还在声嘶力竭地呼喊：“你是臣子，商王是大王，你去讨伐他，是大逆不道啊……”

叫“伯夷”和“叔齐”的这两人究竟是什么人呢？他们为什么要阻止武王伐纣，而战无不胜的周武王却不杀他们呢？

二

无论在当时，还是之后的整个中国古代史，伯夷、叔齐都是两个极受敬仰的人物。

伯夷和叔齐是当时商朝的诸侯国——孤竹国（今天河北秦皇岛一带）的两个王子，素来以品德高尚闻名。孤竹国的国君去世前，指定叔齐接班，但是叔齐觉得哥哥伯夷比自己更合适。哥哥伯夷知

道后，为了能让弟弟登位，就离开孤竹国出去流浪。叔齐知道后，更不肯接班了，也扔下王位跑了。他找到了哥哥，兄弟俩互诉衷肠后，就一起流浪生活。

那时候商朝饿殍遍野。姬发的父亲姬昌大行仁政，使得百姓丰衣足食。兄弟俩知道后，就一起来到了周国，在当地弄了一片土地，靠劳动为生。

正因如此，伯夷、叔齐两个人对周国有着极高的评价。可是，当武王伐纣的战争打响以后，他们对周国的态度就立刻由拥护变成了反对。

品德高尚的兄弟俩都是认死理的人。他们的“死理”就是中国自夏朝就形成的君臣观念：国王是上天的代表，是由上天指定的，做臣子的只有服从和效忠国王，而绝不能反对国王。国王做错了，做臣子的也只能规劝国王，哪怕被国王杀死，也不能反抗。这就是所谓的忠诚。

当年，他们俩放弃国君的宝座，宁愿一起流浪，就是因为认死理，后来反对武王伐纣，也是如此。

即使他们认死理，该伐纣也还是伐了，商朝该灭还是灭了。哥儿俩回到家园后就发现，天下已经变成周朝了。这种在哥儿俩眼里大逆不道的事情居然真的变成了现实。为此，兄弟俩悲愤万分，为了表示抗议，兄弟二人开始不吃周朝的粮食，即“不食周粟”。他们地也不种了，一起跑到深山老林里，靠挖野菜为生。最后活活饿死在首阳山。在临死之前，兄弟俩伤心地唱着：这种用强暴的手段夺取天下的行为，是多么可耻啊，像神农氏那样的盛世，到底去哪里找呢？

伯夷叔齐的死是一个悲剧。他们阻拦武王伐纣，也被当作了一个笑话。但是在他们死后，在历史车轮的滚动中，他们的故事渐渐从笑话变成了神话。

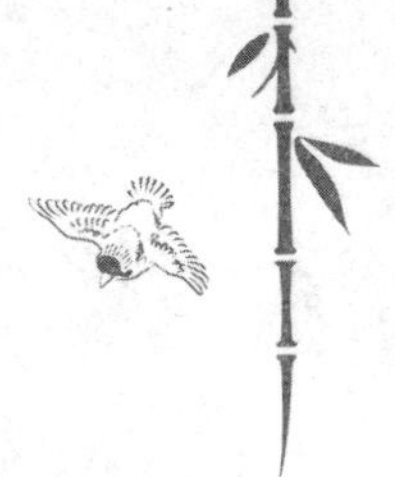

最早对伯夷、叔齐的行为称赞有加的，是春秋时期儒家学说的创立者孔子。孔子认为，伯夷、叔齐是古代的贤人。他们表达了臣子对国君的忠诚。儒家思想中的“忠君”观念正是由此而来。

等到封建制度确立，儒家思想成为封建社会主导思想以后，伯夷、叔齐的地位更被抬到了极致。封建社会的皇帝们希望自己的大臣忠心，要教育大臣，就要找到模范人物。伯夷、叔齐就是最好的典范。从汉朝开始，中国历代封建王朝都曾大兴土木，为他们修筑祠堂，让世代臣民拜祭。

尽管伯夷、叔齐的道德观念，对于现代来说是有一定局限性的，但是作为历史人物，甚至一段历史教训，对后世都有与众不同的意义。虽然他们反对武王伐纣，不符合历史发展，但是他们兄弟友爱的品德，以及对国家的忠诚，得到了后人的赞同。

小贴士

伯夷、叔齐在后世往往被看作气节的象征。特别是在改朝换代的年代里，前朝的旧臣往往拿他们的故事用来自勉，鼓舞自己保持为人臣子的节操，不为敌人效力。在民族遭受侵略的年代里，这个故事也鼓舞了无数仁人志士英勇战斗。他们已经成为中国文化中“忠勇精神”的化身。

周公成王，君臣双赢

在中国儒家学者眼里，发生在公元前11世纪的“武王伐纣”，不仅是一场简单的改朝换代的战争，更是一场正义与邪恶的较量。正义的周武王战胜了邪恶的商纣王，开创了中国历史上又一个盛世——周朝。

值得追问的是，周朝的盛世究竟是谁开创的？周武王战胜商纣王后，没过两年就病死了。那时候的周王朝，内外统治都还不稳固。商朝的残余势力依然在抵抗，四处的诸侯部落也时有叛乱发生。此时，周朝百废待兴，面临内忧外患。

真正继承武王遗志、实现周朝振兴的是他的弟弟，也就是受命辅佐他儿子周成王的辅臣——周公旦。

一

周公旦，又被后世称为周公，在之后的中国封建社会，被看作圣人一样的人物。

在周武王过世前，周公旦受命辅佐年幼的周成王时，恐怕没想过自己会成为圣人，想的最多的就是自己不要变成罪人。国家政治不稳定，经济困难，商朝的残余势力还很强大。纣王的儿子武庚被武王分封在了殷都，表面上对周朝恭顺，其实无时无刻不想着造反。里里外外都是一团麻烦。

此时登基的周成王还是个不懂事的小孩子，没有处理国家大事的能力。于是，这天大的责任就落在了周公旦身上。

周公旦辅政没多久，这里里外外的麻烦就一下子全爆发了。先是武庚勾结周朝的三个王族——管叔、蔡叔、霍叔，在周朝国都镐京造谣，说周公旦要谋反。谣言传播得太厉害，闹得镐京大街小巷都在议论。甚至有人说周公旦连造反的日子都选好了，军队也都调来了，说得有鼻子有眼的。

趁着这个机会，武庚扯旗造反了。一时间，商朝“复国”的声势甚嚣尘上。还没等着周公旦反应过来，东边的东夷部落也纷纷起事，妄图脱离周朝。周朝都城镐京的南边和东边，全都是烽火连天的景象。

在艰难的条件下，周公旦勇敢地承担起责任。他先找到了当时周朝的两位实权人物——宗室召公、齐国国君姜尚，取得了他们的支持。内部稳定了，就该平叛了。当时周朝的叛乱是一团乱麻，周公旦的办法是快刀斩乱麻。

周公旦先授予姜尚权力，委托他节制东方，平定叛乱。姜尚一出马，东夷各部落就被打了个稀里哗啦。

东部叛乱的平定使周公旦可以腾出手来，集中全国的人力物力，解决周朝这时候的心腹大患——武庚。在周成王的授权下，周公旦亲自统兵出征，经过三年的艰苦作战，终于彻底平定叛乱。叛乱的恶首武庚被杀，至于三个勾结他的周朝宗室，管叔被处死，霍叔被撤职，蔡叔被流放。这场险些导致周朝早夭的内战，至此彻底结束了。

二

在征讨叛军的过程中，周公旦也意识到一个大问题。西周首都所在地镐京，距离当时经济最繁荣的黄河流域太远。一旦此地发生叛乱，很容易鞭长莫及。周武王在位的时候，西周就在黄河流域建造新都——洛邑。周公旦平定叛乱后，加快了新都的建造速度。到了他辅政的第六年，周朝在洛邑大行分封，加上之前周武王分封的，周朝一共分封了七十一个诸侯国。在这过程中，周公旦还创制了周朝的典章制度和朝廷礼仪，也就是周朝的礼乐制度。周朝作为一个奴隶制国家，政治制度成熟完善起来。

补充一句。虽然周成王搬到了洛邑，但这时候，洛邑并不是周朝的首都，只是周朝的“东都”。定都镐京的周朝在历史上被称为西周。

身兼重任的周公旦非常忙。他洗头的时候，一听说有事，来不及把头发弄干，就拽着头发出来了，吃饭的时候，见有人来汇报工作，会把嘴里的饭吐出来。在他夜以继日的忙碌下，周朝的政治局面稳定了下来，国家体制日渐成熟完善，国家也走向了强大。

等到周公辅政的第七年，周成王年满二十岁，周公就把国家大权还给了成王，自己退休去丰京。为此，周朝还举行了一场盛大的仪式交接。仪式上，周成王当着百官的面，向周公旦做了一番深情的表白：“在国家处于危难、人人唯恐避之不及的时候，您却挑起了重担，让风雨飘摇的国家度过了艰难的岁月。当国家走向安定，生活开始繁荣，大家都开始享受太平生活的时候，您却放弃了权力，这是怎样一种高尚的情怀啊！我对您只有一个请求：请您不要离开，这个国家需要您。”周公旦礼貌地拒绝了，离开后，他依然牵挂着周朝的安危，耐心地叮嘱周成王要勤俭节约、体恤人民的疾苦。

退休之后的周公，做的最重要的事情，就是继续完善周朝的典章制度。周公过世后，临终前要求把自己埋葬在都城洛邑。周成王却将周公埋葬在自己的祖父周文王的墓地。周成王说：“周公旦是我最敬仰的人，我不敢把他当成我的臣子。”一生鞠躬尽瘁的周公旦得到了周成王由衷的尊重。而“周公辅成王”的这段历史，更被后世看作君臣关系的千古美谈。

周公辅成王的这七年，奠定了周朝强大的基础。从周成王亲政直到他的儿子康王在位的时期，是周朝历史上的第一个繁荣盛世。历史上把这段盛世称为“成康之治”。

小贴士

辅佐成王有功的周公，在中国历史上也有着崇高的地位。他辅佐成王制定礼乐，因而被看作儒家文化的先驱人物。他对整个周朝的贡献共有四个方面：宗法制度、分封制、嫡长子制度、井田制。这四个制度的完善奠定了周朝八百年统治的根基。

作为中国历史上最强大的奴隶制王朝，周朝的特点就是各项制度更加细化。

在经济制度上，周朝将井田制发展成了农奴庄园制。政治等级制度也更加森严。它的统治制度，叫作“宗法制度”。西周的统治者周王被称为大宗，而在诸侯国里，一个诸侯国的统治者也是这个诸侯国的大宗。大宗下面还有“小宗”，这种层层相属的宗法体制，使周朝的等级制度相当森严。不同等级的人见面、朝见天子、祭祀祖先等活动，都有一套烦琐的礼仪制度，后人称之为“周礼”。

而周朝对中国历史产生影响的，还有一件看似微不足道的小事——出现了一个新名词。无论是周朝出土的青铜器铭文，还是在各类史料中，都出现了一个之前未曾有的词——“百工”。这个词到底是什么意思呢？

百工，其实就是从事各种手工业的工人，其身份主要是工奴，也就是奴隶。在西周，它则是指专门生产手工产品的作坊，并有专门的官员负责管理。这是一个覆盖范围非常广泛的行业。在周朝的

王宫里，有专门为王室生产手工产品的“百工”；在诸侯的领地庄园里，也有专门为奴隶主生产手工业品的“百工”；甚至小奴隶主以及那些家臣的领地里，同样有“百工”。手工业在夏朝的时候只是雏形，在商朝的时候开始发展，到了周朝，已经占有了重要的地位。周朝不仅是中国奴隶制社会手工业技术最发达的时期，甚至也领先于当时世界上的很多国家。

“百工”中的“百”字，是指手工业的工种繁多。这个字的出现说明，周朝的手工业已经分工细致，有多达百种的门类。

周朝手工业不但门类多，技术也都非常先进。青铜器已经渗透到人们生活的各个方面。衣食住行乃至劳动打仗，样样都缺不了它。

周朝的制作工艺也超过了商朝。许多小巧精致的青铜器，都在西周诞生。比起商朝青铜兵器的笨重，西周则出现了大量使用轻便、杀伤力强大的青铜刀剑。西周制造的青铜戈上面还雕饰着精美的花纹图案，这在之前的商朝显然是不可想象的。

青铜器的大量使用促进了采矿业和冶炼业的发展。西周有了专门的采矿法规：官府定期派人寻找矿藏，并且由官办手工业作坊来开采，私人的作坊如果要开采铜矿，则需要向官府缴纳重税。西周时期的采矿技术和设备已经非常先进，不但有矿井架搭建技术，还有如工棚等硬件设施，甚至发明了专用的井下照明工具——竹篾火把。

西周青铜业的发展，起先是为了满足贵族们骄奢淫逸的生活。随着贵族生活的富足，新的奢饰品也开始出现。西周手工业因此出现了新行业，比如玉器制造业。大量青铜工具被用于玉器工艺品的加工，因而西周的玉器工艺品非常精美。祭祀所用的各种礼器、生活用品，连贵族所用的挖耳勺和带钩，也都由玉器制造，还出现了用玉器制作的乐器。玉器所制的各种装饰品，在西周的上流社会更是非常流行。

高档的玉器以及精美的青铜器，不是一般家庭用得起的。平民家通常都用普通的青铜器、陶器，以及加工好的竹木器。这些手工产业在西周发展迅速，产量很高，制作技术也更强。木器被使用于西周军队所用的盾牌，使士兵抗冲击力更强。

另一个在西周获得迅猛发展的行业是中国古代传统的“高科技”行业——纺织业。《诗经》记录，西周时期黄河沿岸有大量的桑田，专门用来种植桑树。采桑更是西周农民传统的劳作内容，许多描写爱情的诗篇都以采桑为背景。西周纺织业的最大创举，就是开发了室内养蚕的技术。由此，蚕种的存活率更高，织品的产量也相应增加。发源于西周的“辫子股针法”至今还被后人采用，成为通用纺织技术。

西周还出现了染色技术，衣服的门类更多，从外观到颜色，都变得更加漂亮。

西周这些手工业的发展，虽然一开始主要是为了满足贵族的需求，但慢慢就推动了其他行业的发展。青铜器的农具促进了农业发展。

青铜器武器改良了军队装备。更重要的影响是，在物品极大丰富后，用不了的产品被拿到市场上贩卖。所以，西周时期，被“百工”推动的另一个行业就是西周的商业。

随着经济的发展，西周的工商业高度繁荣起来。由于科学技术的进步，西周的造船、造车技术都远远超过了商朝。车船让人们跑得更远、速度更快。各地的经济往来也变得更紧密。

刚开始，西周商业的参与者，主要是王室成员和奴隶主；后来，平民百姓也参与进来。西周农业和手工业发达，许多平民在农闲的时候，也开始从事手工业生产，并进城贩卖商品。这些人通常被称为“贩夫”。除了做小买卖外，有的人开始替商人贩运物品。当然，

和奴隶不一样，他们可以领工资，地位更高，也更自由。社会的各阶层都开始参与商业活动时，西周的商人阶层就形成了。当然这时候他们力量还很弱小，真正强大起来是春秋战国的时候。

小贴士

西周手工业发展的一大结果是使军事装备全面升级。西周军队的装备，比商代军队更加精良，种类也较多，出现了戟和剑。射击类兵器中，西周的箭经过改进，射速更快。战车的速度更快，运转更加灵活，而且，战车的关键部位都有青铜保护。

国人暴动，共和源起

按照各类历史资料的记录，公元前 844 年，西周镐京是这样一片乱哄哄的景象。

繁华的镐京城一片混乱，大街上满是手持各种武器的平民。他们愤怒地呐喊着，见到贵族的车马仪仗，就冲过去砸得稀巴烂，见到穿得像贵族的人，就冲上去一顿暴打。平常耀武扬威的达官显贵们，吓得一个个躲在家中，紧锁家里的大门，连头都不敢露。

周朝王宫周围聚集了大批愤怒的平民，他们呐喊着冲进王宫，四处搜查，抓到人就捆起来拷问，质问国王跑到哪里去了。一时间，王宫内外，乃至整个镐京城，都回荡着这样的呼喊："国王在哪儿？"

对啊，国王在哪里呢？平时保卫国王的那些卫兵们又在哪里呢？

在这里。距离镐京不远的渭水边上，一支惊慌失措的人马正在拼命地奔逃。他们一个个衣着华贵，其中为首一个年长的、穿着国王衣服的人，坐在一辆华贵的马车上，一边催促车夫加快速度，一边在颠簸中不住地焦急回头，嘴里还在喃喃自语："他们没有追来吧，他们没有追来吧。"他身边的人不是鼻青脸肿，就是满脸泥土，都非

常狼狈。

这个正仓皇逃命的人，就是镐京平民们正愤怒寻找的国王——周朝第十代国王周厉王。

这是西周中期发生在国都镐京的一场暴动事件。暴动主要是由城市里的平民发动的，而当时，住在城市里的平民又被称为“国人”，因此，这场暴动也被称为“国人暴动”。

在周公辅政之后，周王朝国力曾到达顶点，一度开创“成康之治”。

受到人民拥戴的周王朝，怎么沦落到了这步田地呢？

周公旦还政周成王之后，亲政的周成王在位十五年。他死后，儿子周康王在位二十五年。这两代国王，都是非常有作为的人。前后的四十年里，西周经济繁荣，文化发展，武力强大，社会安定，连犯罪案件都很少发生。这个时期，史称“成康之治”。

但从西周第四代国王周昭王起，情况就变得不一样了。这之后的几代国君，都喜好享乐，而且频繁发动对外战争。老百姓负担加重，国家也就衰弱下去了。

而到了周朝第十代国王周厉王登基的时候，情况就更糟糕了。他是一个专横暴虐的暴君。

周厉王干的第一个糊涂事，就是设立了“专利”制度。这个制度规定，所有的湖泊、河流都归王室（其实就是他自己）所有，任何人都不能到里面耕种打猎。他还命令一个叫荣夷公的大臣，专门负责专利。荣夷公是个小人，借此机会大收贿赂，把朝政搞得腐败不堪。

怨声最大的就是住在镐京城里的平民，也就是“国人”。这些人多从事手工业，特别是炼铜之类的行业。他们所需要的矿石，都要从这些湖泊山林里找。周厉王这么一搞，等于是断了大家的生活来源，当然就怨声载道了。

有些大臣也预感到了危险。比如，当时西周的重臣召公虎就好心提醒周厉王："现在大家都骂声一片，千万要小心。"周厉王听他说完，发现这确实是个严重的问题，要想办法解决。

可周厉王解决问题的办法更糊涂。他颁布了严令，下令城里凡是议论朝政的，都要处死。他还派了大批密探，在城里四下活动，发现有人背后骂他，就立刻抓起来杀头。而且在这个事上，周厉王也很注意"平等"，不仅平民骂他被杀，一些贵族骂他，被他知道后也给杀了。

人杀得多了，镐京城也就安静了。不管贵族还是平民，在公开场合都不敢说话，见面了只能互相使眼色，有个成语专门形容这事——道路以目。

贵族们很安静，平民们也很安静，从王宫到街道，人与人见了只敢转眼珠子。如此平静让周厉王很高兴。他又对召公虎说："你看怎么样，现在没人骂我了吧。"

忠心耿耿的召公虎急得大哭："大王啊，你让人们不说话，就好像是洪水来了去堵水一样。如果有一天堵不住了，那可就糟糕了！"

要是别人说这话，早就被周厉王拉出去杀了，可召公虎是德高望重的大臣，外加周厉王那天心情好，所以，周厉王虽然不高兴，也只是撇了撇嘴，没怎么难为召公虎。

召公虎长叹了一声，默默地退了出去。

就这样，周厉王越闹越过分，镐京也很安静。到了第三年，也就是公元前 841 年，大批的平民愤怒地冲上街头，开始反对周厉王。

遍布镐京的那些密探走狗，一下子被打得落花流水。惊慌的周厉王本想召集军队镇压，但贵族大臣们冷冷地说："我们周朝的士兵，主要就来源于这些国人，现在他们都暴动了，你还能让谁镇压呢！"

成了光杆司令的周厉王没有办法，只好仓皇逃离镐京。他跑得

太匆忙，将他的宝贝儿子——太子静都扔下了。眼见愤怒的平民包围了镐京，太子静没办法，只好躲进了召公虎家。人们知道后，又把召公虎家团团围住，逼他把太子交出来。幸亏忠心耿耿的召公虎用自己的儿子冒充太子，才让太子静逃过一劫。

闹腾了几天后，召公虎出面主持大局，他和另一个大臣周公定一起出面，苦口婆心地劝说闹事的国人们。他俩德高望重，加上周厉王被赶跑了，大家的气也消了。这场暴动持续几天以后，也就渐渐消停了。

暴动消停了，可国家总要有人管事，请周厉王回来是不可能的，他一回来肯定国人会接着闹。废掉他的王位也是不可能的，西周礼法森严，这么做就是大逆不道。召公虎和大家商量后，想到了一个办法，仍然尊奉周厉王为大王，但国家大事由贵族和大诸侯一起商量着办。这种模式被称为“共和行政”。这一年，也就是公元前 841 年，就被称为共和元年。从这一年开始，中国历史有了确切的纪年。

这种“共和行政”的方式，一直维持了十四年。周厉王病死在渭水河边，当年侥幸逃命的太子静即位。这位太子静，就是再次带领西周走向复兴的伟大帝王——周宣王。

小贴士

虽然周厉王做了很多糊涂事，也引起了老百姓的反抗，但他在位的时候同样也做过好事。他曾经带兵多次打败周边游牧民族的侵扰，并且极其重视农业。可是，他刚愎自用，暴政肆虐，最后落得个逃亡的结果。

有心无力周宣王

对于公元前 841 年的那场“国人暴动”，周宣王是有恐怖记忆的。他牢记了父亲的教训，减轻国人的赋税，严惩贪污，同时广开言路，任用召公虎和周公定等贤臣。因此自他登基后，原本腐败不堪的西周政治变得清明起来。这一时期，就是历史上的“宣王中兴”。

而“宣王中兴”的最大成就是另一件事——打仗。

一

客观地说，周朝历代国王敛财，除了满足个人享受外，是因为西周的对外战争一直没断。

周朝的敌人首先是活跃在陕甘地区的犬戎。他们经常深入汉中平原烧杀抢掠，赶上暴乱和自然灾害的时候，更是趁火打劫。比如，“国人暴动”时期，犬戎也趁机大肆劫掠。

对这个敌人，周宣王是下决心要打击的。但是，百姓连饭都吃不上，还怎么去打仗？要打仗，就要先让老百姓吃饱饭。

于是，在稳定了政局后，周宣王开始着手恢复生产。他干了两件极其重要的事，一是改革“籍田制度”，二是“料民”。

所谓“籍田”，就是隶属周天子本人的土地。西周是奴隶制，周天子本人的土地由奴隶来耕种。因为奴隶的劳动积极性低，周宣王于是改变了西周制度。新制度规定，奴隶可以把大部分收成交租，留下小部分归自己。这样一改可炸了锅，大臣们纷纷反对，但周宣王硬是顶着压力推行了下去。没过几年，国家竟得到比改之前多得多的粮食。原因很简单，种出来的粮食可以归自己，奴隶们当然玩命干了。

这项制度很快被推广到全国。周宣王的威望也就得到空前提高。在之后的历史进程中，这项制度不断演化，衍变成了封建制的生产关系。

如果说“籍田”让周宣王在诸侯中的威望空前鼎盛的话，那么另一项改革“料民”起到了另一个作用——让诸侯们对他空前的恐惧。

所谓料民，就是人口普查，由国家派官员到地方清查人口户籍，但各地诸侯又是一片反对声。因为在诸侯们的庄园里，许多平民都被诸侯隐藏，甚至被抓去当奴隶。一旦被查出来，诸侯的实力必然大大减弱。所以命令一下，便引起诸侯们的强烈反对。

强烈的反对招来了周宣王更强硬的推行办法。他派军队来查人，一个一个地区地查。诸侯们一看军队来了，也不敢反抗，只能老老实实地认命了。这样一来，国家查出大批可以交税的平民，并有了充足的兵源。西周王朝的经济、军事蒸蒸日上。

实力增强了，就该办事了——打仗！

二

周宣王当时最大的威胁是西北方面的犬戎，以及西面的西戎。

在他登基的第四年，也就是公元前 824 年，他开始动手了。

受命攻打西戎的是周宣王的重臣——西北的诸侯秦仲。没想到出师不利，秦仲本人也被杀了。周宣王又派秦仲的五个儿子一起上阵，终于重创了犬戎，还封了他的长子“西垂大夫”。这位“西垂大夫”叫秦庄公，他所统率的诸侯国，就是后来战国时期完成统一大业的秦国。

打出开门红的周宣王乘胜追击，亲自带兵，一直把西戎赶出了整个河西走廊。从此，这个持续骚扰西周的游牧部落彻底解除了威胁。

西戎好对付，强大的犬戎就不好对付了。周宣王任用了名将尹吉甫。经过旷日持久的会战，犬戎终于不敌，狼狈向西退走。战争胜利后，周宣王还在边境修筑城池工事，以防范犬戎入侵。许多因为犬戎进犯而流离失所的人民也返回家园，他们欢欣鼓舞，编歌称颂周宣王的战功。

事实上，这场中兴是一场虚假的繁荣。

周宣王一生兢兢业业，确实创造了很多功业，但他根本无力解决西周的根本问题。西周之所以走向衰落，除了几代皇帝的胡闹以及对外征战的原因，还因为西周早期确立的奴隶制宗法制度已经开始瓦解。周宣王在位时期做的很多改革，并不足以从根本上解决问题。

周宣王一生对外战争不断，早期虽然胜利多多，但很快就后劲不足了。与姜戎作战时，他调用的“南国之师”全军覆没。对外战争的巨大损失，也使王室的权威下降。他早期进行的改革，也有些推行不下去。比如，清查人口的工作，刚开始推行，也取得了成果，后来，对外多次战败后，很快就有诸侯借机反对，到最后也没完全

推行下去。

而周宣王在晚年也变得刚愎自用。一次，他犯了点小错，大臣杜伯劝阻他，他反而下令把杜伯杀掉，另一个大臣左儒劝阻他，也被他斥骂一通，结果不但杜伯被杀，左儒也以自杀表示抗议。周宣王自己也很后悔，不久得了病，在一次出门游猎时，突然去世了。

周宣王去世后，儿子姬宫涅即位，这位姬宫涅就是西周的亡国之君——周幽王。

小贴士

周宣王登基前，西周天子的权威其实已经很衰弱了，天子的威望在诸侯中直线下降。周宣王登基后，除了多次打败外敌侵犯外，还多次举行盛大仪式，召见各地诸侯。他的这些行动，一度重新恢复了西周天子的权威，但是，西周的衰落已经不可避免。

姬伯杀兄，预演西周灭亡的哑弹

公元前796年，鲁国国都曲阜。

原本豪华辉煌的鲁国宫殿，此时正笼罩在一片血雨腥风之中，一场惨烈的厮杀刚刚结束。

在正殿的中央，昂然站着一个身穿战甲的统帅，这个人就是此时横扫四方、战无不胜的周宣王。

一个五花大绑的囚犯被士兵们押了上来。他一路不断挣扎，见到高高在上的周宣王，并没有露出惊慌的神色，反而不屑地“哼”了一声。

周宣王用精光四射的眼睛盯住他，许久才问：“伯御，你知罪吗？”

这个叫伯御的人愤怒地抬起头，连珠炮似的回击：“我知罪？鲁国国君的位置本来就是我的。我是大宗，但是你非要让我的叔叔即位。是你破坏了宗法，你才有罪！”

“住口！”周宣王终于忍不住了，大手一挥，“把这个杀弟夺位、不忠不孝的东西拉出去，杀了！”

几个士兵将伯御拖走了。一路上，伯御还在不住口地骂：“是你

破坏了宗法！你才是不忠不孝的东西！”

鲁国不是拱卫西周最重要的诸侯国吗？周宣王为什么要向自己的诸侯国发起进攻呢？又为什么要处死鲁国国君呢？

早在周宣王刚刚即位、根基不稳的时候，鲁国就是他最重要的支持者，当时鲁国在位的国君，就是刚才那位伯御的祖父鲁武公。

鲁武公与周宣王的私人关系也很好。到了鲁武公在位的第九年，也就是公元前816年，他带着两个儿子——姬括和姬戏来朝见周宣王。鲁武公的大儿子姬括说话木讷，长得也不好看。小儿子姬戏则很乖巧，人长得也可爱。周宣王一下子就喜欢上了小儿子，就很严肃地对鲁武公说：“你的小儿子很聪明，要不你就立他当你的太子吧。”

只这一句话，鲁武公汗都下来了。

当时在西周，无论是国王还是诸侯的世袭，都是有一套规定的。这套规定叫“宗法”，也叫“嫡长制”。所谓嫡，就是正房的妻子；所谓长，就是正房妻子生下的长子。只有符合这两个条件，才能世袭爵位。这套宗法，是周朝的统治根基。

鲁武公冒汗的原因就在这里。周宣王这句话的干系极其重大。

如果真立了小儿子姬戏，就等于把西周的根基给破坏了，而现在破坏西周根基的是周宣王本人……

这下可给鲁武公出了难题。如果立姬戏为太子，就破坏了西周的宗法，属于大逆不道。如果立姬括为太子，等于不遵从天子的命令，按照西周的宗法，也是大逆不道。如果干脆两个儿子谁都不立，可自己的正房妻子就生了这俩儿子。

周宣王却是吃了秤砣铁了心，干脆宣布立姬戏为太子。这下鲁武公就更没退路了，回去就顺水推舟，立了姬戏当太子。这样一来，原本应该是小宗的弟弟姬戏一下子变成了大宗，而原本是大宗的哥哥姬括一下子变成了小宗。

这下可捅了马蜂窝。大臣樊仲山也苦口婆心地劝周宣王，甚至警告他：这事必然会引起天下大乱。周宣王不听，就在这时，鲁庄公回去就死了，然后姬戏接班，就是鲁懿公。这事还真就这么办了。

这事的后果是极其严重的。

首先是姬括的家族不服。原来权力强大的大宗变成了现在的小宗，啥事都要看弟弟家族的脸色。九年后，姬括的儿子伯御发动政变，杀害了叔叔鲁懿公，自立为鲁国国君。

鲁懿公的被杀令周宣王极其愤怒。这时候，外敌进犯边境，周宣王只好先忍下伯御这口气。等着周围的这些部落都消停了，周宣王这才发动了对鲁国的进攻。

鲁国的诸侯军队显然不是周宣王的对手。但令周宣王意想不到的事情发生了，鲁国军队拼命死守，老百姓也齐心合力。在付出了惨重伤亡后，周宣王终于攻克了鲁国国都，并处死了伯御。鲁武公的第三个儿子姬称被周宣王扶植即位，称为鲁孝公。长达二十年的鲁国内乱终于结束。在周宣王眼里，他用强大的武力打败了叛乱的伯御，实现了鲁国的和平。

但这个“和平”的后果是极其严重的。

这件事情是因为周宣王自己破坏宗法而起，这等于自己打自己的耳光，后果就是使西周原本不可侵犯的宗法失去了权威性。既然国王都可以违犯自己制定的法，那么别人为什么要遵守？

周宣王也不是不知道破坏宗法的严重性，他这样做，还有一个原因。当时西周王室权威衰弱，借助鲁国事件，周宣王展示了王室强大的实力。

但周宣王这么一闹，反而让诸侯们原先敬畏的宗法变成了儿戏。西周这个大房子就被他破坏了地基，自然也就摇摇欲坠。

一阵风暴就很可能会毁掉它。

等到他儿子周幽王姬宫湦在位的时候，发生了一场毁灭西周的风暴——犬戎之乱。

小贴士

周宣王尽管在“姬伯杀兄”问题上头脑发热，但他最后扶持鲁孝公还是做对了一件事。鲁孝公统治鲁国后，一直勤于政务，善待老百姓，很快使鲁国从战争创伤中恢复过来，重新成为列国中的强国。

一笑千金，一笑灭国

公元前 781 年，周幽王姬宫涅即位。他所接管的帝国，早已是个烂摊子。

这时的周王朝，经过先前周宣王频繁的对外战争，国家的人力物力已然接近枯竭。对于周王朝来说，更要命的是天灾。从周宣王执政的最后十年，到周幽王的整个执政时期，是西周历史上的“天灾多发期”，尤其是镐京周围的关中平原地区持续了近十年的旱灾。旱灾导致当地河流干涸，草木枯死，大片的森林变成荒山，连许多贵族庄园都因持续的旱灾变成荒野。从宣王末期开始，空前的大饥荒贯穿了整个西周末代。

这就是周幽王即位时所接管的国家——天灾频繁、内外交困、动乱四起、民生凋敝。

而周幽王在位的十年间，只做了一件事。那就是在这个烂摊子上猛锤一通，把他变得更烂。

周幽王即位的时候，还不到十五岁。按照现在的话说，此人青春期都还没过完。青春期的特点：一是爱玩，二是好冲动。周幽王正

好两样全占。可国家穷得叮当响，没钱没法玩。周幽王一冲动，就启用了一个能给他搞钱的人——虢石父。

这位虢石父算是中国历史上最早的弄臣之一。周幽王喜欢他。一是他很会来事，拍马屁能拍的恰到好处。二是他很能捞钱。他捞钱的方法，就是提高税收、横征暴敛。

而虢石父干的“最会来事”的事情，当属“烽火戏诸侯”了。青春期的周幽王当然也是需要女人的。周幽王最宠爱的是当时最有名的美女褒姒。这位褒姒偏偏是个冷美人，一天到晚紧绷着脸。这下，周幽王受不了了，让虢石父想办法。虢石父想出了一个“名垂青史”的缺德办法：点燃防备犬戎的烽火台，假装犬戎进犯，招引各地诸侯救援。各路诸侯急火火地来了，才知道被领导耍了。结果，在褒姒如花般灿烂的笑容里，各路诸侯气得直跳脚。

本身就千疮百孔的帝国，再加上天灾人祸、小人专权、君王无道。亡国的种种“硬件条件”几乎样样占全了。到了公元前771年，西周的灭亡已然“万事俱备，只欠东风”。

偏偏这东风，也是周幽王自己吹来的。周幽王对褒姒宠爱得上瘾，做事也比他爹更出格，他居然把太子姬宜臼废黜，立褒姒的儿子伯服为太子。这下可捅了马蜂窝。姬宜臼的外公申侯与西周的大敌犬戎关系好，一怒之下勾结犬戎进犯。结果，在熊熊战火下，上过当的诸侯全都袖手旁观，镐京没几天就沦陷了。周平王、褒姒，外加虢石父，统统在这场动乱中被杀。繁华的镐京也被凶悍的犬戎破坏成一片废墟。公元前770年，在诸侯的拥立下，周平王迁都洛邑，重建王室，史称东周。

西周的灭亡，从表面上看，固然是因周幽王等人瞎搞造成的，而从整个脉络上看，这个帝国的衰落不是普通王朝的更迭，而是一种新制度演进的必然。

小贴士

毁于犬戎入侵的西周都城镐京位于今天陕西西安市长安区的西北边。尽管它毁于当年的战火，但它是中国历史上第一座规模宏大、布局齐整的大城市。它的城市格局，奠定了中国古代都城的模板。

无奈的周平王迁都

公元前770年，关中平原通往黄河流域的要道上，出现了一支特殊的队伍。这支队伍的军装，既和中原诸侯的军队不同，也和周朝王室的军队不一样，正中间的马车上，站着一个十几岁的少年。他面容苍白憔悴，穿着象征周朝天子身份的王服，凝神静思，似乎在思考着什么。

“大王！”少年身后的车辇上，一位将军说话了，“走不了多远，就到东都洛邑了。”

少年似乎没听见一样，依然在呆呆地发愣。

这个少年，就是在镐京沦陷后，由诸侯拥戴继承王位的周平王姬宜臼，他此行的目的是迁都洛邑。从此之后，迁都洛邑的周朝被称为“东周”。而这个接受他册封的将军，就是西北的诸侯秦襄公，他所在的诸侯国，就是后来打败其他国家的秦国。

一

东周与西周最大的区别就是，原本西周的宗法制被逐渐破坏。这样一来，原本高高在上的周天子逐渐失去了权力，变成诸侯手中的傀儡。

然而，东周的首位帝王周平王曾是一个胸怀大志、奋发有为的青年。当然，他也是一个苦命的青年。

在周幽王做天子的时候，少年姬宜臼就很苦命。他这个长子不被老爹待见，时时有生命危险。有一次，周幽王甚至趁他在后花园散步的时候，故意把猛虎放出来，打算让老虎咬死他。但他毫无惧色，一不逃跑，二不求救，反而勇敢地迎上前去，冲着老虎怒吼一通，竟然把老虎吓退了，捡了一命。在人生的许多关键时刻，他却是如此勇敢。

在周幽王意图废太子的关键时刻，姬宜臼勇敢地带着母亲，躲过各种盘查，逃到了外公申侯处。等到犬戎退走后，他在秦国和晋国等诸侯的拥立下，继位为天子，史称周平王。可他自己的地盘始终是巴掌大一点，只是河南西北部的一小块地区。这块地区东至河南荥阳，西至潼关，南到汝水，北到沁水，总共不到六百里。这块地区仅仅是一个中等诸侯国。当年西周王朝统驭天下的本钱，早在镐京的大火中烧光了。

周平王还是很有自知之明的，知道自己没实力，就拉拢有实力的诸侯，比如郑国和晋国，同时也注意培植新势力。周平王曾向秦襄公许诺：只要秦襄公能够收复镐京，就可以占有那里，西北的地盘，秦襄公打下多少，就可以占有多少。结果短短几年，秦襄公收复了镐京，一跃成为诸侯中的新兴大国。

秦人的崛起对东周早期的格局产生了影响。虽然周王室称王没了本钱，但依靠有本钱的诸侯。看一下周王室的版图就知道，东边是有实力的郑国，北边是有实力的晋国，西边是有实力的秦国。他们像是三角形一样,互相制衡。位于中心的周王室,虽然没有了实力,却还有做大王的面子，依然高高在上。

所以在周平王执政时期，他凭借别有用心的布局、勇敢的征战、煞费苦心的维持，虽然没有恢复周王室的实力，但至少恢复了部分周王室的天子威权。大诸侯之间相互制约，周王室表面高高在上，维系着相互之间的尊卑。王室与诸侯就这样凑合着过。

但是，强大起来的宋国、郑国、鲁国，相互之间打得热闹，天子也无能为力。国土和人口,谁抢到了就算谁的。各国自然要玩命抢,诸侯间的兼并战争也就越演越热闹。

到周平王执政的末期，东周王室与诸侯之间越发凑合不下去了。其中的代表事件，就是著名的“周郑交质”事件。

二

“周郑交质”里面的“周”，自然指东周王室——周平王；里面的“郑”，是被称为“春秋小霸”的——郑庄公。

在东周早期，郑庄公是个举足轻重的人物，地位也极重，他的家族本身就是周王宗室。到了郑庄公在位的时候，郑国不但是中原最强大的国家，更是周王室政权中的重臣——卿士，也就是操纵朝政的权臣。周平王在位时期，郑国对内发展生产，对外四处扩张，更把持周王室大权，在列国之中，相当威风。

这样威风八面的郑国，周平王是绝不容忍的。一直以来，他采取的是又打又拉的政策：对实力稍弱的诸侯，就拉拢扶持；对实力稍强的诸侯，就想方设法打压。对郑庄公，他就是这么做的。

公元前720年,周平王动手了。是年,周平王决定撤掉郑庄公的“客卿”职务,改由亲信虢公忌父接任。消息一传出来,便引来轩然大波。郑庄公一气之下，居然大张旗鼓地杀到都城。了解了严重后果的周平王脑子也算转得快，赶快出面辟谣：谁说要撤你的客卿了，完全是谣言。眼见周平王服了软，郑庄公这才摊牌：要求得到我原谅？要先交换人质。

周平王把儿子姬狐送到郑国做人质，作为交换，郑庄公也把儿子姬忽送到周王室做人质。然后双方表示之前所有的传闻都是谣言，周王室依然是天子，郑庄公依然是客卿。

发生在公元前720年的这次“周郑交质”事件，以公平交换人质的方式，总算又凑合过来了。事实上，周王室吃了哑巴亏。这位郑庄公先是兴师问罪，后又交换人质，俨然与天子平起平坐，对周平王而言，这是莫大的耻辱。

同年，忍受着巨大耻辱的周平王终于闭上了他疲惫的眼睛。而“周郑交质”后的平静，只是又一场暴风雨来袭的前奏。中国历史将迎来一场决定未来历史走向的战争——繻葛之战。

繻葛之战的发动者是周平王的孙子，东周的第二代君王——周桓王姬林。

小贴士

与周天子分庭抗礼的郑庄公，是一个非常有心计的人。他虽然早年继位，但并不被母亲喜爱。母亲喜欢小儿子公子段，甚至勾结公子段意图叛乱。对这即将到来的危险，郑庄公的应对非常巧妙。他先是故意放纵他们，然后趁他们麻痹大意时突然袭击，一举将其击败。最后，他又通过骨肉亲情打动母亲，与母亲重归于好。这样一个极有手腕的国君，显然不是周天子能对付得了的。

壮志难酬周桓王

公元前 707 年，在今天河南省长葛市，一支狼狈不堪的军队正在仓皇逃窜。他们身后，嘹亮的喊杀声震天，一支威武的军队正追杀而来。

这支败兵的正中间有一辆装饰精美的战车，战车上有一个满身血污的统帅。他的肩膀中了一箭，鲜血不断地往下淌，但他既拒绝救治，又拒绝撤退，反而用仇恨的目光注视着身后呐喊追杀的敌人。

可是兵败如山倒，他的车仗被淹没在了溃退的人流中。敌人越追越近，眼看就要到眼前了……

这时，对面的敌人中突然发出了一阵沉闷的鼓点，这是下令撤退的信号。从敌军装饰华丽的战车里，发出了这样的声音：我们不是要反抗天子，而是自卫反击，打退他们就行了。

说话的人就是东周早期的枭雄——春秋小霸郑庄公。而那位身穿天子服、身中箭伤的统帅，就是这时期的东周天子——周桓王。

这场战争，就是著名的繻葛之战。

身为天子的周桓王，为什么会和自己的诸侯郑庄公打起来，败

得这么惨呢？

周桓王想打郑庄公，不是一天两天的事了。

在“周郑交质”事件发生后，周王室和郑庄公之间的关系越来越恶化，而郑庄公的实力也越来越强大。等着周桓王登基的时候，他已经成了一方霸主。

从周平王即位开始，郑庄公就开始发动战争，兼并其他诸侯的土地。他先拉来了东面的齐国和鲁国，然后亲自率军击败了宋、卫、陈、蔡四国的联军，扶持宋国的公子冯做了国君，成了听命于自己的傀儡。这时候，郑庄公已经成为郑、齐、鲁三家联盟里的老大。

就在郑庄公开始壮大的时候，当年实力遭到削弱的周王室，现在也开始重新变强。

周平王凑合了一辈子，却不是瞎凑合，到了孙子周桓王接班的时候，已经与中原的蔡、卫成了铁杆联盟。周王室可以调动的军力，比起周平王时代多多了。

而在周桓王接班后，好消息也不断。公元前715年，晋国惨遭另一诸侯曲沃武公的进犯，晋国国君晋哀侯被俘。周桓王抓住机会，命亲信虢仲出征，击退曲沃武公，立晋国宗室姬缗为国君，史称晋侯缗，强大的晋国也因此成为周王室的支系。

而对主要对手郑庄公，周桓王当然也不能放过。他刚即位，嚣张的郑庄公就给了他一个“下马威”，悍然派兵进入周王室领地抢夺粮食。而周桓王也不甘示弱，正式免去了郑庄公客卿的官职，改由王室亲信虢公忌父接任。之后多年，郑庄公拒绝朝见周天子，双方持续“冷战”了五年之久。

到了公元前707年，经过精心准备的周桓王，终于向郑庄公摊牌。他率领王室军队，以及各路亲信诸侯军队，浩浩荡荡地向郑国杀去。郑庄公也不示弱，亲率精锐部队迎击。双方在河南繻葛对峙。

此时，周桓王的信心是很足的。除了扩充实力外，他也不断地试探郑庄公的底线。比如，他曾经擅自做主，把郑国的土地划到王室名下，结果郑庄公对此无反应。然后他又拉拢和郑庄公有姻亲关系的陈国来牵制郑国，郑庄公还是没有反应。如此一来二去地折腾，周桓王得出结论——郑庄公是一个表面嚣张、内心胆怯的人。

周桓王带来的军队也异常强大。他的部队分为左、中、右三军。他亲自统率的王室精锐是中军，由蔡、卫两国组成的军队是左军，而陈国军队则是右军，总兵力远远超过郑庄公。而道义的优势更在周桓王这边。他以天子的名义讨伐忤逆天子的诸侯，自然师出有名。

身为“叛逆”的郑庄公俨然被逼到绝路上。他的军队远少于周桓王，而道义上又处于劣势。胜利的条件，样样都不占。

然而周桓王显然没有意识到，郑庄公从来都是个喜欢放纵别人缺点的人。他惯用的手段就是假装示弱以麻痹敌人，然后在对方不察时出手，一次性解决问题。而这一次，郑庄公显然也要“纵容”

一下周桓王。在示弱、冷战的表层下是精心的准备、巧妙的筹划，郑庄公只等着最后致命一击。

大战打响，雄心勃勃的周桓王看到了他不敢相信的一幕。兵力处于严重劣势的郑庄公下令全军擂鼓，向着兵力绝对优势的周军发起了迅猛的冲锋。还没等周桓王回过神来，周军已然是一副兵败如山倒的情景：自己军队正兵败如山倒。

率先崩溃的恰是周桓王拉拢来的亲信——陈国。陈国军队和郑庄公刚一接触，就被揍得稀里哗啦。紧接着，败阵的景象就像传染病似的，一下子又蔓延到左军。蔡国和卫国组成的左军纷纷抱头鼠窜。撤退的时候，郑国大将祝聃拉弓搭箭，射中了周桓王的肩膀。

这更属大逆不道。天子是万金之躯，居然敢说射就射！

此时，周桓王也管不了大逆不道了。仗打成这个熊样，还是保

命要紧。幸亏郑庄公及时制止，下令全军停止追击。否则，周桓王很可能会填补周朝历史的一个空白，成为第一位在战场上被诸侯杀死的周天子。

而郑庄公能够以少胜多，是因为周桓王率领的是一支联军。

联军最大的弱点是不能众志成城，看着人多，但是打仗的时候，一人一个心眼。战争开始前，自己国家军队正在闹饥荒，人心惶惶时，自然一冲就垮。

尽管战斗结束后，郑庄公主动示好，到周军营地慰问，双方也再次和解，但是战败的后果，对于整个周王室来说是严重的。

一直在走下坡路的周王朝，失去了唯一一次重建中央威权、避免诸侯割据的机会。周平王一生的努力皆在这次战败中一次性赔光。

赔光了本钱的周王朝，在后来的历史演进中，也就越发失去了话语权。诸侯们都忙着互相兼并打仗，连周天子也不朝见了。中国历史进入了奴隶制国家瓦解、诸侯相互争斗的漫长时期。从公元前770年一直到公元前221年秦国统一天下，这段历史被称为“春秋战国时期”。

小贴士

周桓王被郑庄公打败后，还曾介入晋国的王室纠纷中，并主持拥立了晋国的新国君，还陆续发动了对其他诸侯的一些战争。那时候，他虽然势力衰弱，但在诸侯中间还拥有一定的话语权。但他过世后，周天子的声望权威就一代不如一代了。

兄弟不和外人欺

郑庄公打败了周桓王以后，中国历史进入了春秋时期。春秋时期的诸侯们不再敬奉周天子。那些靠战争胜利扩大了领土，并被其他诸侯敬奉的诸侯，则被称为“霸主”。打败了周天子的郑庄公，也就成了霸主。虽然他这个霸主在诸侯中实力最强，但臣服他的诸侯并不多，所以他也被称为“小霸”。他死后，儿子郑昭公即位，郑国开始衰落。公元前700年，权臣祭足作乱，推翻郑昭公的统治，立其弟郑突继位。之后多年，郑国一直处于兄弟夺位的内战之中，郑庄公的几个儿子以及权臣相互争位仇杀，一直经历了长达二十七年的动荡。曾经的“小霸”郑国因此彻底失去了霸主的地位。

这一时期，中原地区的诸侯国为了争夺霸主的地位，你打我，我打你。从此，中原大地陷入了长久的混战之中。

然而在各类史书的记载中，这时候的黄河流域还有另一幅景象。

中原大地上到处都是被战争破坏殆尽的城市，一群群士兵四处打砸劫掠。这些人穿着原始、简陋的衣服，赤裸着左臂，说着和华夏族不一样的语言，在城市里抢夺财物。这些城市的主人——当地

的人民，大多已经倒在了血泊中……

在郊外，大批华夏族的人民，正在惊慌失措地逃命。他们扶老携幼，拖家带口，没命地奔逃。就在这时，一阵阵尘土飞扬，大批骑兵杀来，这些士兵也是左臂赤裸，见到人群就大肆砍杀，将财物全都掠走，抓到俘虏，就强行剃掉他们的头发，让他们做奴隶……

这些人就是史料中所称的“蛮族”，长期以来活跃在中原周围的游牧部落。

当时，诸侯们在进行兼并战争，而这些“蛮族”是怎么杀进来的呢?

周王室迁都洛邑以后，蛮族的入侵越演越烈。这些侵扰中原的蛮族被中国史书记录为“蛮戎夷狄”。

其中侵扰中原最烈的就是“戎”与“狄”。戎族主要游牧在当时中原的西北方向，即今天的内蒙古草原地带。他们侵扰的主要对象，是西北的秦、晋诸国，以及河南北部地区。而狄则主要活动在今天中国东北地带，侵扰的主要对象包括齐国、燕国，甚至位于中原腹地的郑国、卫国。狄族还多次入侵洛邑地区，逼得周天子几次外逃避难。当时，这些游牧民族的侵扰范围遍及中原各诸侯国，甚至深入黄河流域的腹地。他们以游牧为生，虽然部落分散，但是号令明确，作战凶猛，专挑实力最弱的诸侯国下手，见其他诸侯来救援时，便又撒丫子就跑。秦国早期就有七位君主牺牲在与蛮族作战的战场上。东方的齐国在蛮族的侵扰中不得不三次迁都。小国自身难保，大国更苦不堪言，每年秋收的时候都会遭到劫掠，甚至会被灭国。曾经强大一时、以商朝首都殷为国都的卫国，就是被他们灭国的，国君卫懿公也被他们杀害。

当时蛮族之所以能够这么轻易地侵扰，归根结底，还是因为这时中国开始分裂，诸侯之间相互争斗，周天子权威衰落。原本强大

的周朝，早就不是铁板一块。他们侵扰时，各诸侯大多各自为战。

相互之间就算有救援，也都反应迟钝。说到底，还是由于中原诸侯不团结，才给了他们深入中原侵扰的机会。用一句俗话来说，就是“兄弟不和外人欺”。

这种“兄弟不和外人欺”的景象，给当时的人民带来了深重的苦难。这时期就有很多反映蛮族入侵导致人民死伤的歌曲。当然蛮族入侵，也造成了另一个后果。大批的奴隶主在战争中破产，不是被蛮族杀害，就是仓皇逃命，他们的财产也被蛮族占有。这样一来，好多侥幸逃生的奴隶就变成了自由的平民。等到蛮族退走，重建家园后，他们就有了自己的土地，成了早期的自耕农阶层。西周奴隶制的井田制，也因为蛮族的入侵而衰落瓦解。

蛮族入侵造成的苦难，对整个春秋时期都有深远的影响。后来的儒家圣人孔子感慨地说：“那时候蛮族的入侵真是厉害啊。我们这些后代，差一点就要被外来的蛮夷统治，丧失自己的文化与传承，遭到屠杀与同化了。”

但这场深重的灾难并没有使华夏族灭亡。在这个灾难深重的时刻，一个伟大的英雄出现了——春秋第一个霸主齐桓公。

小贴士

蛮族的入侵给中原大地带来了深重的苦难，但正是在这漫长的战争里，不同民族之间的融合交流更加频繁。很多民族都在这场洪流中，融入了华夏族澎湃的血脉。春秋战国时代，不但是分裂战乱的时期，更是轰轰烈烈的民族大迁徙时期。

管鲍之交，千古美谈

公元前686年的一天，在齐国都城临淄城郊，一辆囚车正缓缓驶来。囚车里站着一个衣衫褴褛的犯人，他脚上戴着沉重的镣铐，脖子上还套着重重的枷锁，脸上满是泥土，甚至还有血污，显然受过很多毒打。尽管如此，他目光里却写满了坚毅，昂首望着前方。

在不远处，一个衣着华贵的官员早就在等候了。这个人是当时齐国国君齐桓公的近臣鲍叔牙。他见囚车走近，马上迎上去，押送囚车的卫兵见他来了，赶紧恭恭敬敬地行礼。鲍叔牙却径直走近囚车里的犯人。犯人和他像是老相识，见他来了，微微一笑。

“鲍叔，”犯人说话了，“你来送我，再好不过了。”

鲍叔牙打量了一下犯人，皱了皱眉，心疼地说：“他们怎么把你打成这样？”

“应该的，”犯人苦笑说，“我拿箭射齐国国君，害得他差点送命，杀了我都是应该的。这次我从鲁国被押回来，只求一死。有你这个好朋友为我送行，我也就心满意足了。”

鲍叔牙静静地听着，听到最后，不但不悲伤，反而笑了笑。

“不！”鲍叔牙认真地说，“你不会死，不但不会死，我向国君推荐了你，委任你为相国，帮助他成就大业。国君答应了！”

“这怎么可能？”犯人吃惊地说，“你是国君做王子时最信任的大臣，他现在做国君了，相国的职位本来就是你的！”

“因为你比我更有资格！”鲍叔牙回答，“只有你，才能帮助国君称霸诸侯！”

犯人沉默不语，鲍叔牙也不逼问，下令打开囚车，去掉犯人的枷锁，带他去沐浴更衣，给他换上一身整洁的衣服。然后拉着他向城门走去，对他说：“你看看吧！”

犯人抬头一看，立刻惊呆了，临淄城外，排列着盛大的仪仗，演奏着华丽的音乐，齐国的国君微笑出迎，正在等待着他。在当时，这是专门欢迎国家重臣的礼仪。犯人立刻惊呆了，不由自主地走上前去，真诚地向面前的国君朝拜。

这位国君，就是春秋时代的霸主，号称“春秋五霸”之一的齐桓公，而这位犯人，则是后来协助他称霸的能臣——春秋圣人管仲。

管仲为什么会被押在囚车里呢？

原来，当时的齐国发生政变，国君齐襄公被杀害了，他没有儿子，只能弟弟接班。两个有资格接班的弟弟，一个是公子纠，此时正在鲁国；一个是公子小白，此时在莒国。接班的关键就一句话：谁先抢到算谁的。

所以两人就开始抢了，谁先回到临淄，谁就继承王位。当时管仲是公子纠的谋士，鲍叔牙则是公子小白的谋士。“赛跑”的时候，管仲要诡计，早早就在齐国和莒国的边境上埋伏了。公子小白还没进边境，就被管仲一箭射中，惨叫倒地。满以为作弊成功的公子纠，也就不着急了，优哉游哉地在路上磨洋工。谁知道还没走几天，却发现面前布满了齐兵，连护送他回国“赛跑”的鲁国军队，也被三

下五除二地收拾了。原来公子小白当时不过是将计就计假死，转而抄小路回国“赛跑”成功。转眼之间，齐国政局已经“老母鸡变鸭”，公子小白将生米煮成熟饭，大摇大摆地登上了国君位。他就是齐桓公。

登上国君位的齐桓公当然没忘了算老账。他先是派兵威逼鲁国，迫使鲁国杀了公子纠，将管仲收押回齐国。所有人都以为管仲这下非死不可，谁知就在这时候，鲍叔牙向齐桓公推荐了管仲。

虽然鲍叔牙和管仲是对手，但长年以来，他们一直是真心相知的好朋友。鲍叔牙对齐桓公说：“如果您只想治理好齐国，那用我做相国就行了。但是，如果你想要称霸天下，那就得非用管仲不可！”在鲍叔牙的劝说下，本来对管仲恨之入骨的齐桓公也就消了气。齐桓公是一个胸襟开阔的人，称霸诸侯也是他一直以来的理想。他不但赦免了管仲的罪过，更用盛大的仪式欢迎管仲。管仲也被齐桓公的胸怀宽广所感动，从此诚心实意地辅佐他走上称霸之路。

齐桓公登基的时候，齐国已经是诸侯中的一个大国，但是要称霸，还是不容易的。当时在齐国内部，国家的权力表面上归国君，其实却以宗法制为基础，散落在各地的大族、宗室、贵族手中。齐国经济看似繁荣，但在齐桓公之前，渔盐、采矿等支柱产业都很难获得税收，下面的宗族们却赚得盆满钵满。军事上，人口虽多，可用于作战的部队，以及可用于征调的兵源都严重不足。

当上相国的管仲开始解决这些问题。具体说来，他一共干了三件事。

第一件事，按现在的说法，就是“经济国有化”，主要内容就是把冶炼、食盐等原本由私商、贵族经营的产业统统收归国有。这时期里，齐国创造性地设立了“铁官”和“盐官”。这样，当时两个利润最丰厚的行业就全由政府掌握了。齐国军队的装备也进行升级，军队大量更换了铁器装备。农业税征收上，管仲推出“相地而衰征”

的政策，即按照土地的贫瘠程度缴纳赋税，产量高的多交，产量低的少交，这样既减轻了贵族剥削，国家也增加了税收。

第二件事，就是军事改革。管仲的办法是“寓兵于农”，他规定国内五家为一轨，十轨为一里，四里为一连，十连为一乡，五乡为一军，分别设立官员进行统治。当时的齐国有三万常备军队，这不但增强了齐国军力，还给后世留下了很多“流行语”。

比如“号令三军”，就来源于管仲创造的“三军制度”，而古代封建社会中国农村基层的社会构成，也在这时期形成雏形。

第三件事，则是政治改革。将国都地区划分为二十一个乡，国内老百姓分为士、农、工、商四个阶层，按照其不同的身份划分居住范围，其中工、商住在六个乡，士、农住十五个乡。士为独立的职业军人，专司作战，农民专司种田。在国都之外的广大地区设立五属，每个属各设立一个大夫，大夫直接对国君负责，由国君直接管理其工作。上下严密的行政体系形成了，齐国的中央集权制度就这样建立起来了。

经过数年精心改革后，到了公元前 681 年，齐国已经拥有了繁荣的经济、强大的军队，中央集权的绝对统治，无论是经济条件、军事力量，还是国家的组织制度，都远远领先于其他诸侯国。从公元前 681 年开始，齐国正式开始了争霸之路，第一次提出了称霸口号——尊王攘夷。

小贴士

鲍叔牙不计个人的荣华富贵，推荐更有才能的管仲为丞相。他的高风亮节不但得到后世的称赞，更赢得了管仲真心的钦佩。两人之间的友谊更伴随彼此的一生。以管仲自己的话说：生我的人是父母，但这世界上唯一懂我的人是鲍叔牙啊。

“尊王攘夷”，齐国称霸

尊王攘夷，就是尊奉周王室的权威，团结各诸侯国的力量，共同对付此时侵扰中原的蛮夷势力，在这过程中确立自己对各诸侯国的领导地位。

齐桓公首先抓住的机会是宋国内乱。公元前681年，宋国发生内乱，国君被杀，齐桓公利用这个机会，先派人朝见周天子，请求天子承认宋国新国君的合法身份。多年不被人待见的周天子当即感动得热泪盈眶，授权齐桓公代表周王室来办理此事。公元前681年的三月初一，齐桓公会合宋、鲁、陈、蔡、卫、郑、曹在北杏会盟，宣布宋国新国君的合法地位，并以诸侯头领的身份订立盟约。北杏会盟，成了齐桓公称霸道路的第一步 。

但会盟邀请下发后，有点实力的诸侯都不理齐桓公。到会的只有宋、陈、蔡、邾四国，热火朝天的会盟，搞成了只有四国参加的“惨淡结局”，连宋国国君没几天也跑路了。想长面子的齐桓公栽大了。

栽了面子的齐桓公脾气还很好，宋国国君跑了，他反而去嘘寒问暖。但拒绝参会的鲁国，他就要给点颜色看看。于是，齐桓公派

重兵集结在鲁国边境，吓得鲁国国君连忙认错，双方在柯地会盟。

消息传出后，宋国国君也赶紧回来了。北杏会盟终于胜利召开，大家订立了盟约，盟约主要包括如下几条：一是诸侯要互助，二是要尊重天子，三是要联合对付蛮族侵略。前两条尊王，后一条攘夷。其本质是齐桓公给各诸侯的下马威：听我的话就讲仁德，不听我的话就揍你。

那时的齐桓公，势力只在今天河南、山东地区，想要号令天下，就要制服北方的大国，尤其是燕国。偏偏机会来了。燕国遭到了山戎进犯，眼看国都不保，齐桓公立刻出兵援助！训练有素的齐军打退了山戎，在追击过程中，齐军一度迷路，靠了军中几匹老马带路才脱离险境。“老马识途”的典故，就是由此而来的。

燕国的得救，使渤海周边的部族齐刷刷地倒向了齐桓公，燕国军民对齐桓公更是感激万分。齐国将号召力扩展到中国北部一带，北方诸国无不向齐桓公俯首。同时，齐桓公又帮助邢国在邢台重新建国，帮助卫国在河南滑县重新建国。齐国的恩威并施之名，从此传遍了大江南北。“听话就有好处，不听话就要挨揍”，几乎成了当时诸侯国的统一价值观。

但是，还是有不服气的——楚国。

在齐桓公时期，能与齐国较量的只有楚国。齐桓公时期的楚国，向南吞并了越族，拥有广袤的国土和充足的兵员。而且楚国的国君自称“楚王”，大有与周天子平起平坐之势，对付这样一个敌人，齐桓公的方法依然照旧——尊王攘夷。

公元前656年，齐桓公联合陈、宋、鲁、卫、郑、曹、许七国，发动对楚国的征伐，但到了楚国重镇陉时却遇到了麻烦，遭到楚国顽强抵抗。齐桓公只好见好就收，趁楚国使者屈完来齐军谈判，先在召陵炫耀了自己的武力，随后就坡下驴，在楚国向周天子谢罪之

后退兵。这个结果对双方来说算是“双赢”：齐桓公打击了楚国，在诸侯中的声望如日中天；楚国也保存了自己，继续休养生息。齐桓公也未料到，楚国下一次北进中原时，声威将更加惊天动地。

在攻打楚国的第二年，即公元前655年，齐桓公又介入周天子的内部争权斗争，保全了周朝太子的地位，惩罚了拒绝会盟的郑国。四年后，齐桓公扶持的周太子郑登基，周天子赐予齐桓公祭肉和车马，齐桓公趁机联合诸侯在葵丘会盟。这是齐桓公多次会盟里最大的一次，所有的中原诸侯国都来参加。齐桓公成就如此霸业，后来的春秋霸主们几乎无人与之比肩。

小贴士

公元前645年管仲去世，齐桓公开始贪图享乐，宠信易牙、竖刁等小人。齐桓公的六个儿子，相互间也钩心斗角。公元前643年，齐桓公病死，他的宠臣易牙、竖刁等人发动政变，几个儿子也为了王位相互争斗。齐国陷入了内战，因此也丢失了齐国的霸主地位。

宋襄公真的愚蠢吗

在齐桓公之后被称为霸主的,是齐桓公称霸时最铁杆的盟友——宋襄公。比起齐桓公来，他却落了一个不太正面的评价——愚蠢。

宋襄公开始称霸，是在帮齐国平定内乱时.当时齐桓公的儿子公子昭打不过其他几个王子，逃到了宋国。他对宋襄公承诺说:“只要我能够登上国君位，一定会以盟主之礼来对待叔叔。”也就是说，为了夺王位，公子昭愿意让出父亲的盟主之位。

有了许诺的宋襄公要求各国派兵，但只有三个小国带着点儿军队过来。来得早不如来得巧,齐国经过连年的战争,已经筋疲力尽的,十分不禁打。双方经过了几次小规模的军事接触，各路齐军就作鸟兽散。公子昭当上了国君，这就是历史上的齐孝公。

齐国经过内乱，国力损耗严重，连国都临淄也有五分之三的民房被毁。齐孝公也听从了宋襄公的号令。平定齐国内乱后，宋襄公开始耍威风。首先遭殃的是当时曹国的国君，在宋襄公发文请天下出兵伐齐的时候，他不买宋襄公的账，这时候宋襄公秋后算账，将曹国国君斩了首；滕国国君过去在小事上得罪过宋襄公，于是就扣押

了他。在齐国内乱被平定的最初日子里，宋襄公几乎到了见谁灭谁说打谁就打谁的地步，显然已经是霸主做派了。

实际上，宋襄公离称霸还远着呢。

宋襄公当时确实是有实力的，但要做霸主还远远不够。而且做霸主的国君，要像齐桓公那样组织会盟。宋国没有这么大的号召力，要召集诸侯，就必须联合有号召力的国家。宋襄公想到了楚国，他派人联络楚成王，请他一起参加会盟。楚国爽快地应约，并且愿意以自己的名义来联络各路诸侯国家。

于是这场由宋国、楚国和齐国组织的会盟，在鹿上召开了。会盟有了楚国牵头，很多国家都同意参加，这让宋襄公放心了：有楚国捧场，有齐国力挺，这次会盟肯定能当上盟主！

但宋襄公哪里知道，楚成王也想当盟主。

会盟开始前，宋襄公感觉一切进行得十分顺利。公子目夷建议带足军队，防备楚国耍花招。宋襄公却清高地说："我当盟主就是凭着仁义，如果没有仁义，我还当什么盟主。"结果宋襄公刚提出要当盟主，一群楚国士兵当场就把宋襄公抓了。盟主没当成，倒成了人质。还好公子目夷带领宋国军队拼死抵抗，外加鲁国调解，楚王总算把宋襄公放了回来，会盟也不了了之。

吃了亏的宋襄公不但不醒悟，还想找楚国报仇。经过精心准备后，公元前 639 年，宋襄公先发动了对楚国盟友郑国的进攻。公子目夷又劝他说："如果我们要打郑国，楚国必然会援救，到时候和楚国的战争就不可避免，我们如果没有打败楚国的实力，就不要轻易冒这个风险。"宋襄公不听劝告，执意攻郑，结果楚国果然出兵了，并没去救援郑国，反而直接打向宋国本土。宋襄公只好班师回国，在泓水与楚国对峙。

战争开始后，宋襄公表现得依然很"仁义"。宋国军队抢在楚国

之前抵达战场，当时楚国人还在渡河，这正是宋国军队发动攻击的好机会。但宋襄公愚蠢地拒绝出击，他认为这时候如果发动进攻，是非常不讲仁义的表现。楚国渡河后，开始摆阵。公子目夷见此非常着急，拽着宋襄公的袖子说："如果现在不立刻进攻，等楚国人摆好阵势，我们就会全军覆没。"宋襄公还是很固执地说："这你就不懂了，如果敌人没有摆好阵我们就进攻，这是不仁义的，就算打赢了也不光彩。"随后，楚国发动了进攻。不出公子目夷所料，弱小的宋国根本不是楚国的对手。结果，宋襄公本人也被包围，在公子目夷的拼死保护下，才得以从楚国人的包围圈里逃出，但宋国军队因此全军覆没，宋襄公本人也受了伤。

这场大败激起了宋国大臣们的愤怒，大家纷纷责怪宋襄公的荒唐。宋襄公死鸭子嘴硬地说："打仗时就应该这么行仁义。看到头发花白的敌兵，就不要抓了；看到敌方的士兵受伤了，也不要再伤害他了。"公子目夷听后冷笑说："打仗就是为了打败敌人，像你这种打法，战争又有什么意义呢？"宋襄公听后无言以对。

宋襄公的失败，其实预示着旧秩序的解体。宋襄公坚持西周宗法制，可在他生活的年代，已经没人信这套了。大家都不按以往的套路出牌，宋襄公只能吃亏。泓水之战的另一个意义是，像西周时候那样的战争越来越少了，战争的手段日益丰富。

临终前的宋襄公总算英明了一把，他对儿子说："现在楚国步步紧逼，宋国肯定有危险，但晋国公子重耳是个了不起的人，到时候你去求助他，他肯定会帮你的。"

他说的重耳，就是春秋五霸之一的晋文公。

小贴士

一直规劝宋襄公的公子目夷，不但是宋襄公的弟弟，而且是春秋时期杰出的政治家。早年他曾被立为太子，但辞而不受王位，才让宋襄公登基。后来他和宋襄公兄弟同心，把宋国治理成当时的强国。如果不是因为宋襄公愚蠢，他和宋襄公的兄弟情谊，也算是那个年代的一段佳话。

从流浪汉到霸主

因为争霸失败而遭到嘲笑的宋襄公，临终前做了一个精准的预言：将来宋国有灾难的时候，能挽救宋国的，就是晋国的公子重耳。

当时的重耳虽然身份是公子，却早就被赶出家门，流浪到宋国。

宋襄公只见了他一面，就认定这个人将来会是了不得的人物。虽然宋国当时非常困难，但宋襄公还是热情地招待了他，留他在宋国住下，并送了他很多财物。

五年后，宋襄公这个预言实现了。重耳不但成了晋国的国君，还成了春秋时期的又一个霸主。为了感谢宋襄公当年的帮助，宋国遭到楚国重创时，重耳果断出手帮助，使宋国免去了亡国的危险。

作为晋国王子的重耳，怎么会被赶出家门，沦落为流浪汉呢？

他又是怎么当上霸主的呢？

一

在春秋时期，晋国也是个大国。春秋早期，和齐桓公同一时期

的晋国国君是晋献公。当时晋献公相继兼并了中原北方的虢、虞等小国，西部领土已经与秦国接壤，东部领土也与齐国接壤，开始强大起来。

但晋献公晚年却犯了糊涂。他宠爱小妾骊姬，在骊姬的挑唆下逼死了太子申生，赶走了公子夷吾和公子重耳，立骊姬的儿子奚齐为太子。自此，晋国内部混乱不已。公元前651年晋献公去世，太子奚齐登基，但内乱仍然在继续。大臣们拥立外逃的夷吾，双方杀来杀去，重耳有家难回，只好踏上流亡之路。

重耳在做公子的时候，就是一个贤明的人，所以他流亡的时候，有许多晋国的大臣甘愿抛家舍业，跟着他吃苦受罪。这些人里包括介子推、狐偃、先轸等名臣。如果说齐桓公是凭借管仲的辅佐才称霸的，那么重耳的身边有一个当时最强的良臣团队。

重耳先跑到自己母亲的老家——北方的翟国。但是，重耳的兄弟夷吾当上了晋国国君后，怕重耳和他争位，就派人去行刺他，重耳只好继续流浪。这时候的重耳已是五十多岁的老人了，却承受着颠沛流离之苦。有一次，重耳饿得受不了，向路边农夫祈求食物，却被农夫扔泥巴嘲弄。但重耳很会自嘲，反而说泥巴象征土地，还高高兴兴地收下了。这虽然是一件简单的小事，却凸显了重耳的一大关键素质：这是一个什么罪都能受的人，这样的人也通常都是了不起的。

受了很多罪后，重耳到了齐国，求齐桓公为他主持公道。但齐桓公只赐予了房屋、车马，把他养起来。两年后齐桓公过世，齐国发生动乱，重耳流亡于曹、宋等国。曹国的国君连国境都不让他进，宋襄公倒是热情接待了他，但无力帮他复国。最后重耳到了楚国。

楚成王以国君的礼节隆重地接待了重耳，但对于帮助重耳复国这事，他却很犹豫。有一次他开玩笑地问重耳：“你要是真当上晋国

国君，将来怎么回报我呢？”重耳答：“假如我们两国交战，我愿意退兵九十里，作为对您的报答。”这话说得不卑不亢，却难掩这位落难公子的雄心壮志。

重耳的回答引起楚国大臣的警觉，楚将子玉劝楚成王：“重耳这个人志向远大，将来肯定是楚国的敌人，不如现在就把他杀了。”楚成王也有同感，但是他很欣赏重耳的才华，也怕杀了重耳有损自己的名声。从此以后，虽然楚成王依然对重耳礼遇有加，却再也不提帮他复国的事。

就在这时候，秦国国君秦穆公派人到楚国接重耳，表示要帮他复国。公元前 636 年，在秦穆公的帮助下，重耳回到了阔别近十九年的晋国，并顺利成为晋国国君，被后世称为晋文公。这时候的他，已经是六十三岁的老人了。

二

晋文公登基后，励精图治，开始发展国家实力，他的亲信大臣们也都是当时第一流的人才，所以晋国很快就发展起来。

这时，狄国进攻周王室，把都城洛邑都打了下来。晋文公向周王伸出援手，派兵打走了狄国人。这场战斗意义非同一般：晋文公从此继承了齐桓公“尊王攘夷”的大旗，俨然以诸侯国盟主的身份出现。

当时，他称霸的最大对手就是当年对自己有恩的楚国。要想称霸，就必须打败楚国。

晋文公重耳归国是在公元前 636 年，他和楚国摊牌争霸，是在公元前 632 年。

这时候楚国已成为当时的第一强国，汉水流域的许多小国陆续被楚国兼并。楚国摆出了全面进兵中原的架势。如果放任楚国在黄

河流域扩张，整个中原都可能会落入其手。到那个时候，作为中原一霸的晋国肯定不能自保，所以到了两国要决战的时候了。

公元前632年，晋文公和楚国"摊牌"了，导火索是楚国攻打宋国，宋国向晋国求救。晋文公先派人出使齐国和秦国，以争取这两国的支持，齐、秦两国最终同意派兵助战。随后，晋文公又打出了"拱卫周天子"的旗号，大肆渲染楚国冒犯周天子，争取各诸侯国的支持。

当时的军事局面对晋国非常不利，楚军逼近宋国，其右路军占领齐国故相管仲的封地，跟南下的晋军形成了全面夹击之势。

在不利局面下，晋文公打算吃柿子挑软的捏，先打楚国的盟友曹国和卫国。曹国这下可遭了当年怠慢晋文公的报复，被打得稀里哗啦。接着卫国也被打得兵败如山倒。楚成王下令撤军，但前线主将，也就是当年劝说楚成王杀晋文公的子玉，非要坚持打下去。晋文公为了遵循当年"退避三舍"的诺言，故意节节退让，一直到城濮地区才停下来。楚国却不依不饶，两国之间的战争是不可避免了。

从军事力量对比看，楚国所占优势极大，子玉虽然单独冒进，但他的兵力雄厚，仅战车就有一千四百多辆。晋国就显得寒碜多了，晋文公出动国内最精锐的三军，外加齐、秦的军队，也不过战车七百辆，连人家一半兵力都不到。

子玉对战事表现得信心很足，想着能够一举击败晋国，视整个中原地区为楚国的囊中之物，大战之前，他自傲地宣布："今天，就是灭掉整个晋国的日子！"

公元前632年初夏，战斗打响了。楚国先发动进攻，但被晋国打退。接着晋军给战马蒙上虎皮，向楚军发起了反扑。楚国的军阵被击溃，一路遭到晋军追杀，一千四百辆楚国战车几乎全部报废。战败的子玉无颜面见楚成王，干脆自杀谢罪。晋文公的霸业也由此而成。

这一战，楚军战败的原因主要是自负轻敌。楚军孤军深入城濮，

远离大后方，到达目的地后人困马乏，已经是强弩之末了。在楚军占据绝对优势的情况下，晋文公隐而后发，最终绝地反击，给了楚国人致命一击。

城濮之战的胜利，成就了晋文公的霸业。从此以后，晋国称霸列国，晋文公也就成了继齐桓公和宋襄公后，春秋的第三位霸主。

小贴士

楚国虽然被晋国击败，失去了一次称霸的机会，但是并没有伤到元气。楚国与晋国，这两个春秋时期最强大的国家，从此开始了漫长的南北对峙状态。

一个霸王的清明节

公元前636年的春天，晋国境内太行山山脉之一的绵山，此时燃起了熊熊大火。

在山下，大批全副武装的士兵正在忙活。他们是在救火吗？不是！相反，他们每个人手里都拿着火把在到处点火。一时间，大火顺风而起，很快烧成了一片。

在稍远的地方，一位身穿国君服的花甲老人，正在焦急地眺望着。

他面容急切，不断向山道上张望，嘴里还喃喃自语："出来啊，你快出来啊！"

这时候有将领请示："国君，大火已经烧了快三天了，如果再烧下去，恐怕山上的人也……"

一句话让老人一下子猛醒过来，他立刻焦急地惊叫道："对啊，快，快！传我命令，灭火，全军出动，搜遍山上每个地方，无论如何也要把人找出来。"

经过一番苦战，大火总算被扑灭了，接着士兵们分头上山，一

个一个山洞地搜查。老人在山下焦急地等待着，他一等就是一整天，甚至连饭都顾不得吃。

到了晚上，一个将军急匆匆地跑来："国君，找到了，找到了！"

听此言，老人惊喜得站起来，几乎是狂喊着："快，快，把人带上来！"

人被带上来了，却已是一具黑乎乎的尸体，只有从衣着上才能辨别出此人之前的身份。

见此情景，老人惊得差点栽倒："这是怎么回事？"

将领悲伤地说："大火烧起来的时候，他不肯出来，躲到了一棵树上，结果……"

老人呆立了半天，突然放声大哭："介子推啊，是我害了你啊，你为什么不出来啊！"

这位老人，就是春秋五霸之一的晋文公重耳。

晋文公为什么要放火烧山呢？这个被他叫作"介子推"的人，又是谁呢？

介子推，春秋时期晋国的名臣，也是以贤德著称的人才。在重耳做公子的时候，他就是重耳的亲信，后来晋国发生内乱，介子推放弃官位，跟随重耳一起流浪，颠沛流离了十九年。

在这十九年里，重耳吃了多少苦，介子推就受了多少罪，甚至有许多时候比重耳过得更辛苦。有一次，重耳连日跋涉，又累又饿，竟然一下子昏迷过去。如果再找不到粮食，重耳很可能就饿死了。

就在重耳昏迷的时候，介子推捧了一碗肉汤过来，一口一口地喂给重耳吃。重耳睁开眼睛后才发现，介子推的腿缠着厚厚的绷带。

原来，介子推是把自己腿上的肉割下来给重耳熬汤，这才把重耳救了过来。

对于这样一个跟自己同甘共苦的人，重耳是既敬佩又信任。重

耳成了晋文公后，对当年跟随他的大臣大行封赏，许多大臣获得了世袭的爵位，过上了好日子。这其中功劳不小的介子推，重耳也不会忘记，给予了他高官厚禄。

但介子推严词拒绝了，他觉得，自己对重耳忠心，那是出于做臣下的本分，如果获得封赏，对他的人格来说是一种侮辱。重耳登基后，许多趋炎附势的小人纷纷来投奔，介子推就不想做官了，想要回家侍奉老母，于是辞了官职，带着母亲来到绵山隐居。

介子推的离开，让重耳很难过。更重要的是，介子推是一个难得的人才，这时候，重耳正在为称霸诸侯而努力，需要介子推的辅佐。介子推走后，重耳想尽办法打听介子推的下落。但是，重耳一找到那里，介子推提前得知消息，就带着母亲逃跑。介子推跑来跑去，最后跑进了绵山。为了逼介子推出来，重耳就下令烧山，以为介子推熬不住后，肯定就会跑出来。

谁知介子推这次是铁了心，在熊熊烈火中，他不但不出来，还抱着母亲躲到了一棵树上，最后被活活烧死了，这让重耳无比懊悔。

事情传出去后，很多人也对重耳议论纷纷。为了弥补自己的过失，重耳就把绵山改名为介山，并立庙纪念。还把一块烧焦的柳木带回去，做成了一双木鞋，以纪念介子推。介子推殉难的这天，也成了中国的一个传统节日——寒食节。在介子推死后第二天，晋文公去祭拜了介子推，而这一天也就成了清明节。

介子推的做法，一直受到后人的推崇。后世的历代文人都把介子推当作忠诚与高贵品质的象征，介子推的精神也成了中华民族推崇的优秀品质之一。

小贴士

除了不肯做官的介子推外，其他曾经陪伴晋文公流亡的大臣，大多被晋文公封了官职，成了晋国的权贵。后来，随着晋国国君权力的衰落，这些权贵成了晋国新的统治阶层，国君甚至变成了傀儡，权贵们掌握着大权。强大的晋国在经过多次权贵专权的折腾后，最终被韩、赵、魏三大家族瓜分。这时形成了历史上战国时期的三大强国：韩国、赵国、魏国。

楚国是这样强大起来的

从齐桓公首霸诸侯，一直到晋文公打败楚国，称霸中原，这期间一共先后出了三个霸主：齐桓公、宋襄公、晋文公。这三个霸主，称霸的过程不相同，称霸的结局也不同，采取的政策更不同。但他们有一点是相同的：三个人的争霸道路上，其实都面对着同一个对手——楚成王。

这位楚成王，也是春秋早期知名的枭雄。甚至，他还是这一时期称霸的试金石：谁想要称霸，就必须过他这一关。

在春秋早期争霸的舞台上，楚成王是个分量很重的角色，虽不是主角，却是一位重要配角。对于春秋战国时期一直屹立于中国南部的楚国来说，他更是极为关键的人物——他是楚国走向强大的开始。

一

想了解楚成王，得先说说楚国。在春秋战国时期的中原地区，对楚国人有一个不太礼貌的称呼——楚蛮子，北方人认为楚国人是

野蛮人。为什么会这样称呼楚国人呢？这是因为强大的楚国在早期是一个没名分的部落，一开始根本不是诸侯。

楚国的先祖是黄帝的子孙。楚部落的祖先季连被赐姓芈，曾孙鬻熊曾侍奉周文王，鬻熊的曾孙以熊为姓，名熊绎。芈氏一族有在江汉地区节制一方的授权，但比中原诸侯的身份低得多。熊绎曾在周成王的宴会上管理茅酒，诸侯们喝酒的时候，他只是在一边伺候。

熊绎当然不想伺候人，便开始率领楚人艰苦创业，以汉水平原为中心向南边扩张，终于有了“楚地千里”的庞大版图。楚人也在这期间学习中原先进的文化制度，他们的部落渐渐变成了国家。

楚国拥有名分是在公元前 740 年左右，楚武王凭借强大实力自立为王。这时期，中原各诸侯各自为战，楚国主动出击，占领中原诸侯土地。到了楚武王的孙子楚成王时期，周天子承认了楚国的王位，要求楚国“节制百越，无侵中国（这里的中国指中原地区）”。

楚成王，是楚国走向强大的一位非常关键的人物。

楚成王其实是个运气很不好的人，在他生活的时代，北面的中原先后出了两个厉害人物——齐桓公和晋文公，他全都赶上了，而且每次对弈都输得很窝囊。比如与晋文公那一战，晋国其实赢得很惊险，兵力还不到楚国一半，如果不是子玉犯傻，结果真不好说。

运气不好的楚成王，却是一位杰出君主。他名叫芈恽，公元前 671 年至公元前 626 年在位。他在位期间，楚国奉行“布德施惠，结好诸侯”的国策，他退还了各诸侯部分领土，并向周天子进贡。特别是跟齐桓公的对决，他既给了齐桓公面子，又保证了楚国领土完整，让齐桓公认识到了楚国的强大实力，从而对楚国采取敬而远之的政策。楚国因而获得了平稳发展的时机。

楚成王大力向中原诸侯学习，效仿齐桓公改革，建立楚国的政治集权制度，引进中原的生产技术。在中原战火不断时，楚国却埋

下头来休养生息。楚国再次破茧而出的时候，中原各诸侯已无人能与之抗衡。

二

楚国达到真正无人能与之抗衡的时期，是公元前 613 年楚庄王即位后。这位楚庄王也成了春秋五霸之一。

楚庄王即位时的中原局势，套用一句话说，就是“集体不争气”。原先耀武扬威的中原大国们，大都走向了衰落。强大的齐国和晋国已经陷入内乱，自顾不暇，秦国在和晋国的战争中屡屡受挫，连函谷关都出不去。

楚国却变得无比强大。楚地物产丰饶，生产技术在诸侯国中堪称翘楚。特别是在战争武器的先进性上，楚国已经有了连发弩等“高科技”武器。此时，楚国的外部环境也好很多，多年来楚国通过拉拢、联姻、渗透等手段，在中原树立了不少盟友。所以，称霸这种事，貌似轮也该轮到楚国了。

楚庄王登基后，楚国的很多人失望地想，称霸这种事似乎还是轮不到楚国，因为刚上位的楚庄王太不靠谱。

楚庄王在登基后的三年荒废国事，沉迷于奢靡的享乐之中，甚至立下规矩，敢劝他的大臣一律格杀，许多人都以为他是昏君。他这么做的真实原因，只有他自己清楚：当时楚国的大权，掌握在权臣若敖氏手里，所以楚庄王必须先麻痹他们。公元前 604 年，楚庄王趁若敖氏出门打猎，干净利落地发动政变，将其全家杀掉，之后才开始实现霸业的征程。表面昏庸的楚庄王，其实是一个极具隐忍力和果敢精神的人，这种素质，在当时的中原诸侯诸王中，几乎无人与之匹敌。

楚庄王统治国家的过程中一直面临着一个问题——自然灾害。

楚国经济富庶，但主要经济区江汉平原几乎是无年不灾。楚国想要对外争霸，必须维持内部稳定。要稳定，就要治水，这就有个问题——谁去救。

楚庄王找到了这样一个人——孙叔敖。

孙叔敖既是当时最杰出的水利专家，也是中国历史上的名臣。他发动了几十万民夫，在安徽寿县南修筑了人类历史上第一条大型运河——芍陂。工程完成后，楚国摆脱了靠天吃饭的历史，发生洪涝灾害时可以靠它泄洪，干旱时节更可用它灌溉。楚国的经济发展从此一日千里，建立霸业的基础也因此而奠定。

在这之后，楚庄王青锋出鞘，开始北上争霸。齐桓公和晋文公争霸的第一件事就是见周天子，楚庄王也去朝见了周天子，不过他带着兵。

公元前606年，楚庄王率军抵达周王室都城洛邑，不但炫耀武力，还向周王室的使者询问周天子用的鼎的重量，以彰显自己对中原的野心。这也是“问鼎”一词的由来。楚庄王的争霸之心昭然若揭，而且他表现得比其他搞“尊王攘夷”的人更狂：我是来争霸的，谁拿你周天子当盘菜？

楚庄王很快就证明，他敢这么狂是有底气的。

楚国的对手是击败过它的晋国。公元前597年，为了对付晋国，楚庄王先试探着攻打郑国，又征服了陈国，获得了进兵中原的跳板。

这下晋国坐不住了，立刻组织兵马援救，任命荀林父为大将，大举进攻楚军。这一举动恰恰落入了楚庄王的圈套——他本就是以此为诱饵，吸引晋国来攻。现在鱼上钩了，渔夫就要收网。

收网的地方，在河南荥阳北面的黄河沿岸，这里当时的地名叫邲，这场战斗在历史上被称作“邲之战”。

晋军进攻时，楚军故意火速后退。晋军一直追到了黄河以北，楚庄王故意示弱，假装向晋军讲和。晋军主将荀林父有心应允，但是遭到部将赵括等人反对，赵括等人还对楚军出言不逊。这样一来，本身就士气高涨的楚军全被骂怒了。对峙日久后，楚庄王得知晋军士气衰竭，便下令出击，向晋军发动全线猛扑。此次战斗异常惨烈，两队人马搅在了一起。早就憋着一肚子火的楚军奋勇作战，发动了连续攻击，终于迫使晋军溃退了。

这时晋军主将荀林父又帮了倒忙，他为了突围，宣布“先渡过黄河的有赏”。晋军兵败如山倒，为了争夺船只渡河，竟自相残杀起来，活着渡过黄河的晋军仅剩下不到三分之一。楚庄王很大度地主动收殓晋军士兵的尸体，并停止了对晋军残部的追杀。

邲之战后，晋国势力更加衰弱，楚国又吞并了另一个中原大国宋国。这样，除了齐国、秦国两国外，中原诸侯几乎都已尊楚庄王为盟主。楚庄王终于实现了从楚成王起一心想完成的目标——称霸诸侯。

但和当年的齐国如出一辙，实现霸业过后，楚国就落入了低谷。

公元前591年楚庄王过世，楚国发生内乱，晋国趁机反扑。在楚国的侧翼，吴国也趁机兴起，并且在孙武和伍子胥的带领下重创楚国，一度夺取了楚国的国都郢都。在秦国的帮助下，楚国才得以复国。

小贴士

在整个春秋时期，楚国先后灭掉的国家多达六十一个，领土疆域更是列国之中最大的。一直到了战国中期，楚国依然保持着扩张的势头，其领土曾达到一百万平方公里，人口最多时曾有五百万，即使放眼同时期的世界各国，楚国也算得上当之无愧的大国。

西部霸主秦穆公

在春秋五霸中，另一位霸主来自秦国。他就是在重耳流亡列国时，帮助重耳回国并登上王位的秦穆公。

秦人也是华夏族的一支，最早生活在山东东部地区，在西周建立之后迁移到西部，负责给王室养马。秦国的祖先秦仲战死在抗击犬戎入侵的战场上，后人被周宣王封为“西垂大夫”。从那时起，他们才渐渐变成诸侯。

西周灭亡后，秦襄公因为护送周平王有功，得到周平王册封，获得了渭水流域的土地。这样一来，秦国也成了春秋时期诸侯争霸中的重要力量之一。

一

从国土面积上说，秦国在春秋早期的控制区域已经非常大了，但在中原诸侯眼里，秦国并不算是一个强国，原因就是他们虽然土地多，却又穷又落后。

秦国统治的渭水地区，当时是穷地方，虽然渭水流域物产丰饶，但人口非常少，春秋早期的时候还处于半农耕半游牧的状态，经济、文化比起中原都极其落后。秦穆公继承王位后，首先就与邻国晋国修好，还互通姻亲，成语“秦晋之好”就是这么来的。

秦穆公知道，要发展就要改革，要改革就要有能够帮助他改革的人。就像齐桓公有管仲、楚庄王有孙叔敖一样，秦穆公也有一个这样的人 —— 百里奚。

百里奚和管仲、孙叔敖一样，都是春秋时期一流的人才。戏剧性的是，得到这个超一流的人才，秦穆公却占了大便宜 —— 他只用了五张羊皮。

百里奚是虞国人，年轻的时候穷困潦倒，中年时期才出外谋生，后来才当上虞国的大夫。可没多久，虞国就被晋国灭了，百里奚也从大夫变成了战俘。这时，秦晋两国联姻，晋献公将女儿许配给了秦穆公，百里奚作为“陪嫁”跟了过去。但他不愿意做嫁妆，就在半路逃跑，跑到了楚国，又被楚人抓做奴隶，给人养牛看马。

秦穆公是个很细心的人，连晋国送来多少奴隶，都要仔细数清楚，一数就发现了问题 —— 少了一个。这本来不是大事，但秦穆公又多问了一句：少了谁？下人说是一个叫百里奚的人，又说了他的事迹。

秦穆公听后当场大惊：“这是人才啊！找！”

秦穆公的人找来找去，终于找到了百里奚。为了遮人耳目，秦国就假装对楚国说：“我们有一个叫百里奚的奴隶逃到了你们这里，我们要把他赎回去，然后惩罚他。”结果秦国用五张羊皮赎回了百里奚。百里奚到了秦国后，秦穆公先和他谈了三天，然后任命百里奚为丞相，官职叫“五羖大夫”，也就是五张羊皮换回来的大夫。结果证明，秦国赚大了。

二

百里奚辅佐秦穆公，对秦国产生了很大影响。自此之后，秦国从一个半游牧半农耕的野蛮国家，变成了一个拥有中原文明的新国度。

为了让秦国步入文明社会，百里奚首先引进了周朝的礼仪制度，修订了秦国的官制，建立了秦国的宗法等级制度，并且提倡教化，努力发展文化。

对秦国改变更大的措施，是改革落后的军事制度和经济体系。

百里奚先仿照齐桓公的“三军制度”。无论游牧部落还是农耕村庄，都要服兵役，这样国君就掌握了全国的军事力量。同时，国家出钱奖励转化为农耕的游牧民族。秦穆公即位的早期，秦国时常向周边诸侯国借粮食。在百里奚改革后，有一年晋国发生灾荒，秦国援助了晋国大批粮食，运输粮食的队伍从秦国的雍都一路排到晋国境内，秦国可算得上财大气粗。

财大气粗的秦穆公也踏上了争霸中原之路。但百里奚对情势较为了解，他劝秦穆公说：“现在山东诸国（中原诸侯）相互征战，我们只要严守边境，发展生产，总有称霸天下的一天。”

但是，秦穆公忍耐不住了，晋文公重耳的过世激起了他争霸的雄心。公元前627年，秦穆公不顾百里奚苦劝，命百里奚的儿子孟明视攻打郑国。出征前百里奚一路护送，痛哭流涕地告诉儿子：“你此去是必败的。”

果然如百里奚所料，在崤山之战中，晋国早已获得秦国打算攻打郑国的情报，秦军被埋伏在那里的晋军打得全军覆没，三名大将当了晋国的俘虏。还好晋国迫于楚国的威胁，不想和秦国彻底闹翻，就又把三个人放回来了。

秦穆公虽然犯了错误，却是一个肯认错的君主。孟明视三人被

晋国放回的时候，秦穆公带领群臣穿白衣迎接，当众赦免三人的罪过，他检讨说："此战的失败，完全是因为我没有听从百里奚的建议，失败的责任在我，你们是无罪的。"

受挫的秦穆公并没有丢失和晋国争霸的信心。他厉兵秣马，准备再次出击。公元前626年，秦国又被晋国打败，原本臣服秦国的西北蛮族也趁火打劫，不但脱离秦国自立，还攻袭了秦国边境。局面已经对秦国很不利了，如果秦国不能在下一场战争中击败晋国，很可能就会变得四分五裂。所以，和晋国的战争，秦国必须接着打。

二次战败后，秦穆公还是没有怪罪孟明视等人，三名大将感激涕零，更加认真地训练部队。经过两年的准备，秦国又一次东征，这次终于打了一个大胜仗，在当年遭到灭顶之灾的崤山击败了晋国。晋国战败后，立刻紧闭边关防守。虽然秦国打败了晋国，但东出的道路依然没有打开。在这种局面下，秦穆公干脆见好就收，在崤山祭奠了当年的死难者后，班师回朝。那些西北的蛮族，看到秦国打败了晋国，立刻又一窝蜂地倒向了秦国一边。

三

东进受阻的秦穆公，在打败晋国后，也面临一个新问题：秦国下一步该怎么走？百里奚提出了自己的见解——东和西进。

所谓东和西进，就是对东面的晋国以防守为主，将攻击重点放在扫平西部时叛时降的蛮族部落。崤山之战后，秦穆公向西掉转矛头。百里奚亲自统兵，发动了对西方戎族的战争。公元前623年，秦军陆续平定西部十二个戎族部落。秦穆公向西拓地千里，并得到了周天子赏赐的十二只金鼓，秦穆公因此成了西部的霸主。他也因此成为"春秋五霸"中一位特殊的西部霸主。

小贴士

秦穆公虽然一生励精图治，可惜生不逢时，与晋文公等英雄生在了同一个时代，因此无缘成为中原的霸主。他过世之后，秦国连续几代国君都庸碌无能，在春秋时期再没有做出耀眼的业绩。但是秦穆公的苦心经营，给秦国留下了广袤的国土和雄厚的积累，为秦国在战国时期再次崛起奠定了重要的基础。

向戌弭兵，春秋战争的休止符

春秋时期发动战争的目的就是争霸，能争霸的主要是晋国和楚国，外加秦国和齐国，几个大国之间你打我我打你。至于这时期的小国，除了依附于大国外，没有其他办法。

到了公元前 6 世纪中期，各国都发现实在打不下去了。春秋争霸局面持续近二百年后，终于出现了这样一次“和平会议”——弭兵之会。

在了解这次和平会议之前，不妨先看看，当时的春秋诸侯为什么打不下去了。

一

春秋争霸的两个主要对手，其实是一南一北的楚、晋两国。

在弭兵会议召开之前，晋国和楚国一共打了四场战争：公元前 632 年的城濮之战、公元前 597 年的邲之战、公元前 575 年的鄢陵之战和公元前 557 年的湛阪之战，每次都是楚国北进、晋国迎战。你

来我往，谁都压不倒谁。两个国家像掰手腕一样僵持着。到了公元前六世纪中期，谁都撑不住了。

晋国撑不住，主要是内政问题。

晋国一开始是宗室掌权，后来晋献公、晋文公实施改革，扩大士大夫权力，用来巩固国君地位。这个措施的效果一开始很好，大臣权力在握，并为国君尽忠，原来挟持国君的宗室基本都靠边站了。渐渐地，大臣的权力越来越大，国君反倒成了傀儡。

从晋襄公英年早逝开始，晋国就进入了权臣赵盾专权的时期。

赵盾死后，晋国国君虽然重新掌了权，但是影响力也大不如前。发动战争的后果，就是让晋国世袭掌权的士大夫家族扩大了威权。这其实是个恶性循环：国君要称霸，就要打仗，打赢了仗，就要封赏大臣，仗打得越多，封赏也就越多，大臣实力就越强，最后出现国君也无法控制的局面，自己就被架空了。所以打不打仗，对于晋国来说，不仅是个和平发展问题，还关系到权力谁说了算的问题。

弭兵会议召开之前，晋国的内政已经十分糟糕了，国君对国政大事说了不算，掌权的是韩、赵、魏这几个士大夫。国家权力分散，发动战争的能力也有限，这样的晋国自然也就打不下去了。

楚国的情况也好不到哪儿去。

楚国当年的一个优势，就是国王权力集中。但到了楚庄王的时候，若敖氏专权多年，差点把楚庄王也赶下台。在之后的几代楚王时期，贵族的力量更不容小觑，和晋国一样进入了这个“恶性循环”。除此之外，南部边境还起了战火，后方崛起了一个新兴强国——吴国，整日和楚国发生冲突。大后方都安定不下来，出去争霸显然也不可能。

所以两个大国都不想打了。但战争已经开始，是很难停下来的。所以想要不打仗，就得坐下来开会商量，当时的情况是让谁来办这事。

来办这事的人，就是宋国大夫向戌。

向戌能做这个事的原因：一是他有才能，而且口才非常好；二是他必须做这个事。因为这个事不但关系天下的和平，还是关系他自己的存亡——他是宋国人，而且还是宋国的世代公卿。

二

在春秋的小国中，要问谁最希望赶快结束战争，那肯定是宋国。

在常年战争中，宋国是受害最大的国家。

宋国很不幸地夹在晋和楚两大国之间，只要晋国和楚国打仗，十有八九就要在宋国境内开战。一百多年间，宋国至少遭到晋国的七次围困和楚国的八次围困。最惨的一次是楚庄王对宋国打了九个月的围城战，使得宋国的青壮年死了九成。吃光了粮食，人们甚至互相交换孩子为食。“易子而食”的成语就是这样来的。对于宋国来说，争霸是避之不及的灾难。

遭受这样切身灾难的，不仅宋国一家，那时大多数小国都逃脱不了这种噩运。

春秋时期，最惨的就是小国。小国不向大国称臣，就要被打。

向大国称臣，就要附带大量义务，大国发动战争时要派兵作战，大国需要钱粮时要提供后勤。一场大的战争打下来，小国几乎被抢掠一空。

大国打不下去，小国过不下去，停战就成了大家最终的选择。

所以宋国大夫向戌承担了这个重任，开始在晋国和楚国之间奔走。晋国的掌权人赵文子是不靠战争起家的勋贵，他在战争中捞不到半点好处，所以百分之百地欢迎停战。向戌又利用赵文子和楚国令尹子木的私人交情，向楚王游说。经过半年多的奔走，向戌终于说服了此时的几个大国。各国休战，已经是大势所趋。

公元前546年，晋国、楚国、齐国、秦国、卫国、曹国、宋国、鲁国、邾国、郑国、许国、陈国、蔡国、滕国这十四国，在宋国正式召开了这场影响春秋战国历史的“和平会议”。最终，各国之间达成了以下协议：晋国和楚国平分霸权，除了齐、秦两大国之外，各国每年分别要向晋国和楚国进贡。春秋诸国总算暂时和谐了。从那以后，大规模的战争没有再发生，但是国家与国家之间的局部战争多了起来，比如北方的大国齐国后来和晋国打了起来，南方的楚国也和吴国频频开战，楚国国都被吴国占了。

小贴士

晋国和楚国平分霸权之后，中原大地大约有四十年没有爆发大规模的战争，但是各个诸侯国内部的斗争多了起来。随着奴隶主阶层的没落，各国新兴的封建士大夫们开始争夺权力，许多实力强大的士大夫之间甚至也爆发了大规模的争斗。这预示着旧奴隶制度逐渐走向瓦解。

一场改变江南命运的刺杀

弭兵会议之后，像春秋时期那样大规模的战争停止了。这时候楚国的东面，也就是今天苏南一带，崛起了一个新兴的强国——吴国。吴国多次和楚国发生战争，并走向了强大。到了吴国第二十三代国君吴王僚在位的时候，吴国和楚国的战争越来越多。吴王僚的堂兄弟公子光是一个名将，多次带兵和楚国作战，双方互有胜负。

公子光野心勃勃，不满足于只做一个臣子，要做国君。公元前522年，楚国发生内乱，当时在位的楚平王听信谗言，杀害了儿子太子建，太子建的老师——楚国名臣伍奢也一同被害。伍奢的儿子伍子胥逃到了吴国，被公子光收留。伍子胥恨透了楚国，一心想着辅佐公子光强大吴国，打败楚国，为父亲报仇。在伍子胥的帮助下，公子光增强了个人实力，开始采取行动，谋夺国君的宝座。

有了伍子胥辅佐，公子光如虎添翼。当伍子胥向吴王僚建议，要发动对楚国的大规模讨伐时，公子光却对吴王僚说："伍子胥是为了报私仇才建议伐楚的，并不是为吴国打算。"之后公子光对伍子胥说："如果你想讨伐楚国，必须帮助我当上国君。"

从此，伍子胥就全心全意帮公子光了。他推荐给公子光一个叫专诸的勇士。专诸来到公子光门下后，公子光对他非常好，专诸也深受感动，对公子光极其忠心。

等到公元前516年的时候，机会终于来了。楚平王去世，吴王僚让自己的两个同母弟公子掩余、公子烛庸带兵攻楚。谁知吴军一进入楚国境内，就被楚军包围。这下吴国都城空虚，吴王僚也急坏了。

公子光觉得时机成熟了，就让专诸刺杀吴王僚。专诸同意了，但担心自己的老母无人奉养，公子光拍着胸脯表示自己会负责照顾他的母亲。专诸没有了后顾之忧，慨然领命。那天晚上，公子光在自己的家里宴请吴王僚，喝酒的时候，公子光假装脚疼，躲进了地下室。专诸伪装成厨师，端着一条鱼上来，把匕首藏在鱼肚子里，等把鱼端到吴王僚面前时，专诸用鱼肚子里的匕首刺死了吴王僚。然后，公子光在四周部署的卫兵按照公子光之前的吩咐，把专诸杀死灭口。这样一来，公子光就解脱了杀害吴王僚的嫌疑，顺利地继承了国君之位。之后，为了报答专诸，当上国君的公子光将专诸的儿子封了官。

公子光当上国君后，踏上了争霸之路。他也是春秋晚期的霸主之一——吴王阖闾。

虽然吴王僚被杀了，但吴王僚还有个儿子公子庆忌。吴王僚被杀的时候，庆忌逃到卫国，并整顿兵马，准备起兵为父亲报仇，以夺回王位。

知道庆忌的这些动作后，吴王阖闾很不安。庆忌也是个著名的勇士，武功非常高，手下也养了一批勇士，是个极难对付的人。阖闾找伍子胥来商议，伍子胥说：“要想除掉庆忌，非得请要离不可。”

要离也是当时的一个勇士，虽然身材矮小，但是精通剑术，是

吴国知名的剑客。伍子胥告诉要离，阖闾是一个杰出的领袖，有他做国君，吴国必然会走向强大。因此要离就答应帮忙除掉庆忌，并和伍子胥等人合谋，商量出一个苦肉计来。

要离假装在吴国王宫里陪阖闾练剑，刺伤了阖闾，阖闾也假装生气，下令砍断了要离的胳膊。这种情况下，要离去投奔庆忌，在要离逃亡的路上，阖闾又下令杀了要离的家人。这么一来，要离与阖闾之间就有了血海深仇，庆忌就打消了对要离的疑虑。

庆忌重用要离，在要离的帮助下招兵买马。等到时机成熟后，庆忌就大张旗鼓，率领大军讨伐阖闾。这时候要离也成了他最信任的心腹。就在这时，要离抓住机会，用匕首刺杀了庆忌。

庆忌死后，他的部下没有了头领，作鸟兽散。阖闾也解除了自己最大的威胁，开始全心寻求称霸。刺杀成功后，要离回到王宫，得到了重赏。但要离拒绝接受，他慨然回答说："我这么做不是为了受赏，而是为了吴国百姓安宁，让国家更强大。"说完就自尽了。

专诸和要离两位刺客的故事代代流传了下来，并为后人所敬仰。他们为了信诺所做的无悔牺牲，得到了后人的称颂，也演化成一句古语——士为知己者死。

吴王阖闾在除掉了吴王僚和庆忌后，终于坐稳了王位。从此，他励精图治，任用伍子胥、孙武等人才，终于打败了楚国，攻克了楚国国都。指挥灭楚战役的孙武是中国古代兵家的集大成者，并为后世留下了著作《孙子兵法》。

打败楚国之后，阖闾又挥师北上，称霸中原，成为春秋晚期的霸主之一。

小贴士

吴国能够打败楚国，第一功臣当属孙武。他训练兵士极其严格，提高了吴国军队的战斗力；然后通过巧妙的指挥，一举击败了强大的楚国。但是在吴国称霸之后，吴国君臣文恬武嬉的景象令他心寒。他果断辞官归隐，离开了吴国。孙武的著作《孙子兵法》一直流传下来。

吴越争霸，春秋时期最后一场争霸战

吴王阖闾在伍子胥和孙武等人的辅佐下，励精图治，积累了强大的实力。公元前506年，吴军任命孙武为大将，伍子胥为副将，沿着淮水西征，率军跟楚军开战，一举攻克楚国国都郢都。

这时楚平王已经死去，但伍子胥依然把楚平王的尸体挖出来，并用铁鞭鞭打，打了几百下还不解恨，最后又把楚平王的头颅割了下来，算是给自己父亲报了仇。

然而还没等伍子胥消完气，一封战报传来，让正在庆祝胜利的吴军不得不提前开拔，忙不迭地回师。原来就在这时候，一个更强大的敌人偷袭了吴国。吴国腹背受敌，只能仓皇撤退。楚国也在秦国的帮助下，有惊无险地复国了。

这个更强大的敌人，就是吴国的老邻居——越国。吴国和越国的战争，就是春秋时期的最后一场霸主争夺战。

越国是大禹的子孙，被夏朝封在了会稽。越国是从春秋中后期开始强大起来的，也怀着和吴国一样的理想——争霸。

当吴国灭楚国的时候，越国的国君允常想趁着吴国没人占便宜，

便去攻打吴国本土。吴军不得不班师救援，吞并楚国的好事也被越国搅和了。

雄心勃勃的吴王阖闾恼怒万分。公元前 496 年，趁着越国国君允常逝世的机会，吴王阖闾亲率大军征讨越国。越国新国君勾践在浙江嘉兴南部设伏，一举击败吴军。吴王阖闾在战斗中受伤，归国之后不久就去世了。两家的仇越结越大了。

阖闾之后继任为王的是夫差，这是个锐意进取的帝王。公元前 494 年，吴国再次发动进攻，在会稽山把越国打的只剩下五千人。越王勾践眼看全军覆没，臣子范蠡、文种二人献策，用重金贿赂吴王夫差的宠臣伯嚭。经过伯嚭劝说，夫差不顾伍子胥拼命反对，还是接受了越国的投降。越国因此成为吴国的属国。

与所有成为霸主的英雄一样，勾践也是个非常能隐忍的人。夫差把勾践抓到自己的国家，让他给自己当用人。勾践忍！夫差不断羞辱勾践，甚至让勾践给他尝大便。勾践忍！夫差要勾践不断贡献美女财宝。勾践继续忍！忍来忍去，夫差对勾践放了心，大胆地放他归国。这一放，就是放虎归山 。

勾践归国后，每天睡在草席上，早晨起来，还要偿一口苦胆，以提醒自己不要忘记这段耻辱。他不仅发展经济，还奖励生育，规定青年男女，男人二十岁之前，女人十七岁之前，都必须婚配，婚后生两个孩子的，国家出钱养一个，生三个孩子的，国家出钱养两个。这就是历史上著名的“十年生聚，十年教训”。

这时候，吴王夫差越发志得意满，开始大肆向外扩张，并肆意享乐。大臣伍子胥好心劝阻他，反而被他以“勾结外敌”的名义杀害了。一代名臣因此含冤而死。

杀了伍子胥后，公元前 482 年，夫差再次打败齐国后，在黄池参加会盟吴国数万大军，按照红、黑不同颜色排成队伍，气魄宏大，

为中原历次会盟所未见。“如火如荼”的成语正是由此而来。夫差没想到，这一幕华丽的景象，却是他个人霸业的绝唱。

就在这时，越王勾践趁机率领大军，一举攻入吴国境内。夫差回师救援，但几次交战都被打败。这时期，吴国的实力尤在，在夫差主动求和后，越国随即见好就收，和吴国订立盟约后撤退。

九年以后，公元前473年，吴国国力更加衰弱，齐国南下占领了吴国的北方领土，楚国东进蚕食吴国西部地盘，可以说吴国就剩最后一口气了。这年夏天，越王勾践再次出兵。吴王夫差率领残部，被包围在苏州旁边的姑苏山上。夫差像当年勾践一样，也屈膝求和，但勾践怎么会重复他所犯的错误？随后越军发起总攻，强大一时的吴国就这样被灭国了。

灭吴的勾践，随后和齐国、鲁国等国在徐州会盟，成为诸侯共尊的霸主。他把都城迁到了山东琅琊，以霸主的身份号令群雄。勾践也是春秋时期最后一位霸主。强大起来的越国，之后又传了六代，到了公元前312年左右，被楚国所灭，而楚国的势力也就因此达到了今天的江南地区。越国故土从此成为楚国的江东郡。后来，楚汉战争中项羽的“八千江东子弟”即来自这里。

小贴士

称霸后的勾践开始大杀功臣。帮助他得国的谋臣文种被他杀害，一直作为他卧底的伯嚭被赐死。唯独幸免的是抢先一步逃走的范蠡。范蠡临走前，曾写信劝好朋友文种一起逃走，他的信里说：“猎人打死了野兔，就会把猎狗也煮熟吃掉。现在大王打败了敌人，下一步也就会杀我们了。”这段话，也衍生出一个成语：兔死狗烹。

富可敌国陶朱公

越王勾践成为霸主后没几年，越国北边的齐国东部沿海突然来了一群奇怪的人。

这群人衣着都非常普通，但能力各异，一看就不是普通人。这些人的首领是一个年近七十的老人，说话不多，但言语里透着智慧，名字也很奇怪，叫“鸱夷子皮”。

这些人在海边安家落户。没过几年，人们又看到了更奇怪的景象：这些人的茅屋很快就变成了华丽的宅院，他们穿的衣服不久也变成了名贵的华服，他们的财富迅速地增加。比起其他人来，他们赚钱的速度真是快得多。

打听到他们赚钱的方法后，大家又由衷地佩服了：他们每到秋收的时候，就开始四处收购各种农产品，然后过几年，如果粮食欠收，他们就把储藏的东西拿出来，以高一些的价格卖出去，这样就越来越有钱了。他们做买卖很公道，虽然有钱，却并不财迷。尤其那个叫“鸱夷子皮”的老头，每到闹饥荒的时候，总是拿出大笔钱粮来救济灾民。许多穷人找他们买粮食，没钱还可以先赊账。这位“鸱夷子皮”先

生在当地就越来越有威望了。乡邻们很尊重他,连地方官吏有什么事,也都恭恭敬敬地找他商量。

他的身份也引起了大家猜测。有人说他是流亡的王子，也有人说他是从其他国家逃来的大官。不久，这个老人的名声也传到了齐国国都临淄。齐国的国君都知道了，派人请他到临淄去当相国。这时候，老人的真实身份也被解开了：原来，他正是越国昔日的大夫、协助越王勾践成就霸业的范蠡。

范蠡不是离开越国隐居了吗？怎么会来到齐国呢？又为什么会做生意呢？

范蠡原本是楚国人，是个平民百姓，但有一身治国安邦的本领。因为楚国门第森严，他在楚国得不到施展才华的机会，就和当地的地方官文种一起逃到了越国，得到越王勾践的重用。勾践称霸后，开始滥杀功臣。范蠡就辞掉了官职，只带着少量家产、儿女家人以及徒弟们离开越国，到齐国隐居来了。

范蠡生活的时代，正是春秋与战国的过渡时期，这时候中国的工商业已经非常发达了。范蠡发现了商业所蕴藏的致富机会，于是来到齐国东部沿海隐居，开始做起了商人。

在范蠡的身份被揭开后，他应齐国国君邀请，到临淄做了三年丞相。但他也越来越不安，经常私下里感叹说："对于一个普通老百姓来说，做官能做到最大，已是极点。这样下去，我反而就危险了。"三年后，范蠡不但辞掉了官职，还把之前挣的钱全都分给了乡民，只带着很少的财物，又去隐居了。

范蠡最后隐居的地方叫作陶，也就是今天的山东定陶。他利用当地发达的交通条件，继续经营他的生意。他的经济思想，叫作"计然之术"，就是要根据时节、气候、民情、风俗来制定商业政策，并且不能随波逐流，正确把握商机，收购和贩卖货物。没过几年，就

能成为巨富。范蠡最后也终老在这里，因为他居住在定陶，因此大家尊称他为“陶朱公”。

范蠡的经商成就，一直被后世的商人奉为楷模。他的商业品德，以及他的经商思想和经商方式，对中国传统商业文化产生了深远影响。他的经济理论，比如要依据产品的供需合理调节市场价格等理论，不但是历代封建王朝治国的理论基础，对于今天依然有借鉴作用。他本人也被称为“商祖”。

小贴士

范蠡经商的成功，只是春秋战国时期商业发达的一个缩影。随着各地经济联系的日益紧密，诸侯国之间已经不再是奴隶制社会相互封闭的景象，相反货物流通市场极其繁荣。各地珍奇都可以在市场上出现，许多人投身商业活动，成为富甲一方的成功者。这些有了钱的商人，越来越多地投身于政治活动中，成为这个时代的新势力：封建地主阶级。

有一个理想叫孔子

公元前479年，在鲁国都城曲阜的一间普通住所里，一位七十三岁的老人默然逝去。消息传出来，许多人不远千里，长途跋涉来到鲁国，只为送他最后一程。曲阜城里的年轻学子自发聚集，悲痛地为他送行。甚至许多君王，闻听消息也不住摇头叹息不已。

在他去世后，他的名字和事迹被后人代代传诵、敬仰。而他在后世更有了一个崇高的称谓——圣人！

这个人，就是儒家学说的创立者，中国古代最杰出的思想家、教育家——孔子。

孔子，名丘，字仲尼。他的祖上是商朝贵族后裔，还曾经被分封到宋国做诸侯，但到他这时就已经落魄了。他的父亲只是个普通的武官，而且在他三岁的时候就去世了，家庭也陷入贫困。为了生计，母亲只好带他到鲁国曲阜生活，他的童年过得无比艰辛。

少时，孔子天资聪颖，学习也很刻苦。长大后的孔子，不但有渊博的学问，而且还继承了父亲的武勇，有着强健的体魄和精湛的

武艺。孔丘是颇有名气的青年俊杰。

孔子二十七岁那年，即公元前525年，郯国国君、教育家郯子造访鲁国。早就仰慕郯子大名的孔子前去求教，并向郯子提出了一个困惑已久的问题：怎样才能建立一个理想的国家，让人人都安居乐业呢？郯子的回答是：办教育！

这次会面后，孔子就开始办学堂，在鲁国大夫南宫敬叔的推荐下，他还被鲁国派到周朝国都洛邑考察礼乐。如此一来，他的眼界越发开阔，名声也越来越大。

孔子三十五岁那年，鲁国发生政变，在位的鲁庄公被此时掌权的三家士大夫（季孙氏、孟孙氏、叔孙氏）轰走。孔子不得不逃到了齐国，拜见了齐景公。齐景公问孔子："怎样才能治理好一个国家呢？"孔子回答说："做国君的要有国君的样子，做臣子的要有臣子的样子，做父亲的要有父亲的样子，做儿子的要有儿子的样子。"这也是孔子经过多年思考以后，第一次明确提出了自己的政治理想：他希望建成一个等级分明、人人都恪守自己职责的国家。

孔子的这番话却遭到许多齐国大臣的嫉恨。两年以后，在这些大臣的排挤下，孔子离开齐国，又回到了鲁国，继续教他的书。

从此以后，他一边教书育人，一边继续着自己的思考。随着思想学问的不断成熟，孔子也成了政治人物的拉拢对象。鲁国权臣阳虎专权，邀请孔子出来做官。但孔子认为阳虎作为家臣擅权，与他所坚守的礼法制度相悖，因此断然拒绝了。这时期，孔子还在埋头做另一项工作：修订《诗经》《尚书》《礼经》《乐经》四部典籍。这四部典籍跟《周易》和《春秋》两本，以后成为儒家学说的珍贵典籍——六经。

到了五十一岁那年，孔子才被鲁定公重用，任命为中都宰，管

理山东汶上地区，后来又做了管理工程的司空，因为政绩出色，第二年被提拔为大司寇，即掌管司法的官员。这也是孔子一生做到的最高官职。

也就是在这时候，一直赏识孔子的齐景公也把孔子看作了眼中钉。齐景公故意给鲁定公送去了八十名美貌歌女，引诱鲁定公吃喝玩乐。果然，鲁定公从此天天不理国事，孔子百般苦劝，但是鲁定公躲着不见他。

失望透顶的孔子在五十五岁那年离开了鲁国，带领门徒游走于中原各诸侯间，希望有诸侯接受他的政治理想:恢复周朝的礼仪制度，国君勤俭仁爱,施行道德和礼教,停止战争,减轻赋税,关心民生疾苦。他走遍了中原各个国家，一路受了很多苦。在宋国的时候，差点被仇视他的官员暗杀；在卫国的时候，曾两次被军队围困；在陈国和蔡国期间，也曾因遭围困而断水断粮，饥寒交迫。即使这样，他依然矢志不移。

大多数国君都对他非常礼遇，但他的政治主张没人愿意采纳。结果，孔子在列国周游了十四年，依然未能实现理想，六十八岁那年，返回了鲁国国都曲阜。这十四年，在历史上被称为“孔子周游列国”。

回到曲阜的孔子已经有了很高的声誉，他的门徒已经有了数千人。晚年的孔子，除了致力于教育外，把主要精力放在了整理文化典籍上。《诗经》《尚书》《春秋》也在此时陆续完成。公元前 479 年农历二月十一,七十三岁的孔子与世长辞。

小贴士

虽然孔子带着未完成的理想过世了，但他亲手创立的儒家学说从此发展光大，其影响更是超越了他所生活的时代。经过后人的传承发展，儒家思想的内容也不断完善。从西汉汉武帝时期开始，儒家思想正式成了中国封建社会的统治思想，并一直延续到封建社会结束。而孔子本人，也在后世得到了无与伦比的尊崇，以“圣人”的身份受到后人的敬仰。他在整个中国历史上的地位，恰如宋朝大学问家朱熹的一句感叹：“如果上天没有安排孔子出生的话，那么我们的历史恐怕还在黑夜中啊！”

春秋这样变成了战国

从周天子权力衰落开始，中国历史就陷入了诸侯争霸的大混战，一直持续了五百四十九年，直到公元前221年秦国统一六国才结束。

这不到六百年的历史，后世通用的称呼是“春秋战国时期”。也就是说这五百四十九年，其实是分为两段的，前面一段叫“春秋时期”，后面一段则叫“战国时期”。

但“春秋时期”和“战国时期”的分界线应该在哪一年呢？这有不同的说法：有人说应该划分在公元前481年，因为孔子的编年史著作《春秋》，其记录年代的截止日期是这一年，所以春秋时期也应该截止在这一年。后来司马迁写《史记》的时候，把战国的开始时间，认定为公元前475年，也就是东周周元王登基的这一年。近现代的许多学者，则把晋国分裂为魏、韩、赵三个国家的公元前403年，当作战国时期的开始，因为从那一年开始，中国诸侯国中出现了七个大国——秦国、楚国、齐国、韩国、赵国、魏国、燕国。最后的统一战争，也主要是在这七个国家间展开的。

虽然划分年代的说法不一样，但是理由是一样的：春秋，是中国

奴隶制社会的瓦解时期；战国，则是新兴的封建社会地主阶级兴起和封建国家建立的时期。随着战国时期的开始，中国历史进入了一个新阶段——封建社会时期。

春秋时期又是怎样进入战国时期的呢？奴隶制社会又和封建社会有哪些不同呢？

其实，虽然划分春秋和战国的时间点有不同的说法，但是这些被看作交界点的年份有着一些相似的现象。正是这些现象，推动了中国历史从春秋到战国的演进。

首先，原先地位低下的平民，居然都开始拿起武器反抗了。这事在西周的时候也发生过，比如“国人暴动”，但当时参与的人比较少，而且算是稀罕事。到这时候，抗争这种事却一点也不稀罕了。比如公元前478年，卫国国君卫庄公要造宫殿，繁重的劳动逼得工匠们拿起武器包围宫殿。卫庄公吓得爬墙逃窜，还摔断了大腿。

除了平民们，比平民身份更低的奴隶们也在愤怒。奴隶逃跑的越来越多。在各国的边界上，活跃着大批由奴隶组成的武装力量。

他们到处袭击贵族的庄园，解放奴隶。比较有名的奴隶，一个是鲁国的跖，一个是楚国的庄跻。跖在今天山东、河南、江苏交界地区活动，流动作战整整十年；庄蹻胆子更大，他带领上万人，发动了反抗楚国国君的战争，连楚国国都都一度被他攻克。这两场起义虽然最终都被镇压，但大批奴隶主被消灭，成千上万的奴隶得到了自由。

春秋末期，各国都有惩罚奴隶的残酷法令。奴隶如果逃亡被逮住，就要被砍掉一只脚。因此，在当时齐国的都城临淄，鞋的价格越来越低，但是给残疾人用的假肢价格越来越高。因为逃亡而遭受酷刑的奴隶越来越多，用假肢的自然也就越来越多。残酷的镇压已不能抵挡历史发展的洪流。

比起许多老奴隶主的破产败亡，那些新兴奴隶主的宅院却一派欣欣向荣，每天都有大批逃亡奴隶甚至平民来投奔。原来奴隶给奴隶主种地，收获的财物都要归奴隶主；到了新奴隶主这里，奴隶给他们种地，每年只需要缴纳一部分地租就可以了。这样的优惠条件，奴隶们当然乐意，于是就纷纷来投奔了。这些新兴的奴隶主，当时被叫作“新贵族”,到了封建社会,他们也有了一个更通用的称呼——地主。

新贵族越来越多，不但老奴隶主都被他们驱逐，国家大权也被他们掌握。有些新贵族甚至发动政变，自己做了国君，后来他们连做国君也不满足了，干脆给自己起了新的封号——大王，身份上和周天子不分上下。势力越发衰弱的周天子也就更不值钱了。

在春秋晚期，齐、晋等大国都发生了新贵族夺权成功的事件。

比如齐国，最终新贵族田氏掌握大权，并废黜了齐国原先的国君，自己登上了国君位，这就是历史上著名的“田氏代齐”。春秋时期雄霸一时的晋国，到了春秋晚期，国家大权被赵家、韩家、魏家、智家四家贵族掌握，后来韩、赵、魏三大家族又联合打败了智家，将晋国的国土瓜分了。到了公元前403年，无奈的周天子只好册封这三家大夫为国君，允许他们建国。这样，晋国的土地诞生了三个新兴的国家——韩国、赵国、魏国，这就是历史上的“三家分晋”。

在“田氏代齐”和“三家分晋”相继发生后，如果我们看看那个时期的地图就会发现，春秋时期许多盛名一时的国家都已经消失了，国土和人口都被大国吞并，仅存小国的领土也更加萎缩。大国之间的领土直接接壤，相互之间的战争也就更多。他们的目标不再是春秋时期的称霸中原，而是兼并列国、一统天下。于是，战国时代开始了。

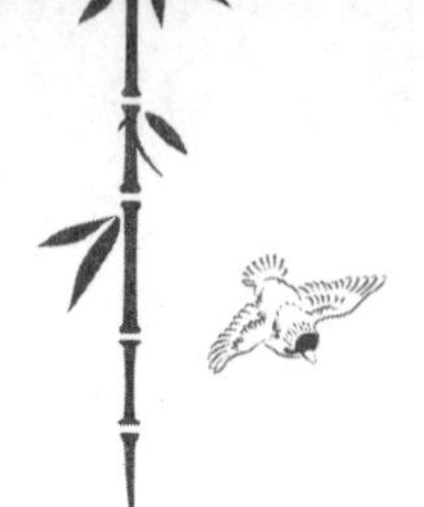

小贴士

进入战国时期后，虽然中华大地上依然有很多诸侯国，但是有能力一统天下的只有七个：秦国、楚国、齐国、燕国、韩国、赵国、魏国。这七个国家，就是我们通常说的“战国七雄”。

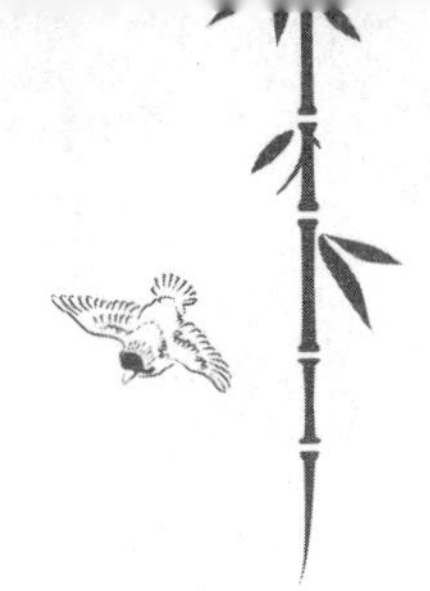

战国首霸魏文侯

晋国被韩、赵、魏三家瓜分后，最早走向强大的就是魏国。在魏国国君魏文侯的改革下，魏国不但国力强大，更成为战国早期最强盛的国家。

魏文侯名魏斯，他善于听取大臣的意见，而且很重视人才，来投奔他的人，只要有才能，他不论门第出身一概任用。他心中也怀有大梦想——把魏国变成列国中的第一强国。为了这样的梦想，魏文侯干了一件之前各诸侯国都没干过的事——变法。

所谓变法，就是确立代表新贵族利益的封建制度。但要干这事，在当时比搞政变都难，稍微有闪失，就有可能发生动乱。所以要成功，不但要有正确的政策，还要选择正确的人——可担重任的变法家。

魏文侯施行了正确的政策，广泛招纳各国的人才。很快，魏国就云集了一大批英杰，比如孔子的得意门生子夏、战无不胜的军事家吴起、擅长治理地方发展经济的政治家西门豹。其中最著名的，就是堪当大任的变法家——李悝。

李悝是子夏的学生，史料中有关他的记载很少。但这无法掩盖

他在历史上的重要影响：李悝变法拉开了战国时期整个中国大变革的序幕。在这个中国社会的全面转型期，它是历史的先声。

在魏国刚立国时，李悝担任过中山相和上地守，曾多次率军和秦国交战。为了提升军队战斗力，李悝在做地方官的时候，还曾出台新规定：如果去衙门打官司，原告、被告就在衙门里当场比射箭，谁射赢了，谁就能赢官司。如此一来，当地人练武成风，大幅提升了军队战斗力，多次抵御了秦国的入侵。因为这些功劳，加上老师子夏的推荐，李悝被魏文侯任命为相国，开始主持魏国的全面变法。

李悝变法的政策，主要有四个内容：一是废除世袭制度，以各人能力来选拔官吏；二是废除井田制，允许土地私有买卖，以土地产量来制定税收政策；三是建立魏国法律《法经》，这是中国第一部封建制度法律；四是改革军事制度，建立“武卒”制，即对军队的士兵进行考核，奖励其中的优秀者。这些措施表面上看来平淡无奇，其实是按照士兵的作战特点，重新将他们进行编排，从而发挥军队的作战优势。

李悝担任魏国相国整整十年，得到了魏文侯的高度信任。魏文侯制定国家政策时，经常单独召李悝深谈，还经常给李悝丰厚的赏赐。李悝对国事也非常尽心，不但勤恳工作，而且大力向魏文侯举荐人才，甚至把自己的俸禄拿出来为国家招揽人才。那时的魏国，除了李悝之外，还有名将吴起、乐羊，政治家西门豹，学问家子夏、段干木、田子方等人，可以说是精英荟萃。

在魏国君臣上下齐心的变法运动中，魏国国力迅速增长，粮食产量增加，尤其是军队极其强大。魏国的精锐军队“武卒”，成为让当时列国胆寒的劲旅。国力强盛的魏国开始走上扩张之路。

公元前 419 年起，魏国开始了对外征战，先打西面威胁最大的秦国。魏文侯启用了因为品德不好而遭人唾弃的名将吴起，战争结

果却令人刮目:公元前409年,吴起攻破秦国西河防线,击溃秦国守军,将战略要地西河纳入魏国版图。随后,魏国乘胜追击,打得秦国节节败退。公元前408年,魏国向北占领大片土地(今陕西),向南夺取陕(今河南三门峡)。秦国从关中进入中原的所有要道,至此全被堵死。这个战国早期对魏国威胁最大的邻国,只好遣使向魏国求和,并且在边境修筑堡垒,防御魏国进攻。

击败秦国后,魏文侯又对另外两个对手——齐国和楚国进行打击。公元前405年,魏文侯联合赵、韩两国,占领了齐国物产丰饶的鲁西地区,使此时正在忙着“代齐”的田氏家族,不得不向魏国臣服;南方的楚国也在和魏国的交锋中吃了亏。至此,魏文侯已经战胜了这时期所有的强国。这时的魏国,从魏文侯在位的五十年里,一直到其孙子魏惠王在位的中前期,近一百年的时间里,堪称战国列强中的第一强国。

小贴士

魏国通过变法走向强大,给当时的各国带来了极大的震动。励精图治的魏文侯,以及他所进行的变法,都成为各国学习的榜样。同样怀有雄心壮志的其他大国,如齐国、秦国、楚国,也有样学样,开始了相似的变法历程。大批变法家脱颖而出,在战国政坛上纵横捭阖。新兴的封建制度借着“变法”的东风,在各主要诸侯国中得以确立,这就是战国早期影响深远的“李悝变法运动”。

两千年前的中国“雅典学派”——稷下学宫

在西方艺术界，有一幅名为《雅典学派》的油画，上面云集了古希腊时期几乎所有的知名文化人物，这幅画是欧洲文艺复兴时期杰出画家拉斐尔的名作。后世一致认为，这幅不朽的作品是欧洲文明的源头，也是古希腊时期文化繁荣的写照。

战国时期也出现了不亚于“雅典学派”文化盛况的局面：先后涌现出众多学派，他们相互之间互相辩论，甚至投身于列国变法的洪流中。这些不同的学派，被后世称为“诸子百家”；他们之间的辩论往来，被后人称为“百家争鸣”。

“百家争鸣”的盛况发生在一个叫稷下学宫的地方。它是由齐国官方创办，并由学术名家世代主持的高等学府，它就是战国文化百家争鸣的中心。

稷下学宫，其遗址位于今天山东省淄博市，它创建于田氏齐国第三代国君齐桓公田午（和春秋五霸之一的齐桓公同号）在位的时期。由于它建在齐国都城临淄的城门“稷门”附近，因此被称为“稷下学宫”。

稷下学宫创立的直接原因是由于当时愈演愈烈的争霸运动。齐桓公田午在位期间，正是魏国通过变法走向强大的时期，各国纷纷效仿魏国，招揽人才为自己所用。齐国建立稷下学宫，以办学校的名义，吸引各个学派的人才。

稷下学宫在齐威王、齐宣王时到了极盛状况。凡是稷下学宫的知名学者，都会被授予“上大夫”的官职，参加齐国的各类政治会议，给国君提国策建议，他们成为齐国国君的智囊团。如果翻检这些人的名字，就会发现那几乎是战国文化圈的“明星阵容”：孟子、荀子、邹衍、接子、慎子…… 这些人都是战国时期最知名的杰出学者。

那些担任“智囊团”的文化英杰，受到的待遇都很尊贵。比如儒家宗师孟子，他投身稷下学宫后，每次出行，跟随在他身后的马车就有几十辆，随从有上百人，一路好不风光。和他一样风光的“上大夫”，仅齐宣王在位期间，就有七十六人。

投身稷下学宫而成为“上大夫”的学者，还有法家、道家、墨家、阴阳五行家等各个学派。他们相互观点不同，特别是在稷下学宫授课期间，经常为此举行辩论。战国时期的诸子百家思想，也因此得到交流和融合。

而除了为齐国招揽人才、组建智囊团、召开辩论会外，稷下学宫的另一个影响，远远超越了整个战国时期，这就是其教育作用。

稷下学宫的学者曾达到了数千人，每个学者在安身稷下学宫后，都把招收门徒、传播学术作为日常的工作。在战国数百年的战乱中，中国的文化教育非但没有中断，反而愈加蓬勃繁荣。稷下学宫，正是这种文化繁荣景象最初的园地。

公元前 221 年，秦将王贲率军攻入临淄，灭亡了齐国，使中华大地重归统一，稷下学宫的使命也就结束了，但它的影响力仍在持续。秦汉时期，齐地一直是中国教育最发达、文化典籍保存最完整的地

区。此后，涌现出诸多英杰人物，他们几乎都有稷下学宫的师承背景。他们或投身于楚汉战争的征尘中，帮助汉高祖刘邦定鼎天下，或在西汉建国后，继续用各种方式推广稷下学宫的文化成就，包括中国的政治典章制度、礼仪规范等文化内容，以及整理战国典籍，发扬战国诸子百家的文明成果。而这种由国家创办高等学府的教育模式，也在两千年的中国封建社会一直被沿用。

小贴士

作为儒家文化的又一代表人物孟子，虽然曾经投身稷下学宫，但并未得到重用。他的治国思想，并未得到当时齐宣王的认可。后来孟子也意识到这一点，便主动离开了稷下学宫，离开的时候他故意走得很慢，希望齐宣王可以挽留他，但最终未能如愿。

最悲壮的变法家——吴起

魏国在经过李悝主持的变法之后，迅速走向了强盛。在李悝之后，继续变法事业并建立卓越功勋的，首推吴起。

而在当时，除了名声不好和战功卓著外，他还有另一个身份——战国变法的殉难者。

一

和李悝一样，吴起也是卫国人。不一样的是，李悝是经过老师子夏推荐，得到魏文侯重用的。而吴起却相反，他曾遭老师曾申（曾参之子）驱离。

说起被老师驱离的事，是吴起一生的第二大污点。

吴起祖籍山东定陶，家里是当地富户，但吴起偏要建功立业，为了求功名把家产败光了，还引起了不少风言风语。吴起听了受不了，把三十多个说他坏话的邻居杀了，这算是吴起的第一大污点。为了避祸吴起打算出走逃命，走之前他还很硬气，和母亲告别的时候说：

“如果不混出个人样，我绝不回来。”随后，吴起来到了鲁国，投身到儒家宗师曾申门下。

进了曾申门下的吴起，对儒家学说的军事思想十分感兴趣。旅居鲁国的齐国大夫田居很欣赏他，他对吴起说：“你将来一定是了不起的人，我们家就靠你照顾了。”然后，他就把自己的女儿嫁给了吴起。

后来的事实证明，吴起最终成了了不起的人，但是吴起也辜负了他的托付。

就在这时，吴起的母亲过世了。按儒家规矩，母亲去世，子女应该回家守孝，吴起竟然坚决不回家！这下可惹得曾申大怒，立刻把吴起逐出了师门。此事过后，他很快又干了件更让人不齿的事——杀妻。

那是发生在公元前410年的事。这年，齐国进攻鲁国。鲁国国君鲁穆公派兵抵抗，可让谁带兵是个难题。有人推荐了吴起，但鲁穆公对吴起不放心：吴起的妻子是齐国人，还是齐国掌权的田家的女儿，万一他把军队出卖了……

吴起知道后，反应很令人惊诧：不就是不相信我吗，我把妻子杀了总行了吧。结果吴起不但杀了妻子，还闯进鲁国宫殿，把妻子的头颅扔在鲁国国君面前：“让我带兵吧！”

三十岁的吴起，第一次得到了领兵打仗的权力。他严明纪律，口才也好，三言两语就把部队的士气激得大涨。吴起作战更有计谋：假装要和齐国谈判，在齐国军队面前示弱，却在对方松懈时趁机发动反击。吴起冲在最前面，军队喊杀震天地往前冲，把齐军打得大败。吴起初出茅庐的第一战，打得十分漂亮。

但打了胜仗的吴起，杀妻的事情一经传开，名声更臭了。鲁穆公本想让吴起做官，但大臣们集体反对。吴起刚打完仗，鲁穆公不得已撤了他的职。吴起走到哪里，人家见了他就绕着走，他彻底在

鲁国混不下去了。

吴起在鲁国混不下去时，刚好听说魏国国君魏文侯招纳贤才，因此他就离开了鲁国，来到了魏国。

这时候的吴起，因为打败了齐国，早已声名鹊起。魏文侯也曾听说过吴起，但用不用吴起，他还很犹豫。为此他询问国相李悝，李悝说:“虽然吴起这个人贪功又好色,但要说打仗,恐怕司马穰苴(春秋军事家)也不是对手。”于是魏文侯下了决心：用!

二

吴起到魏国的时间是公元前409年，就在他被魏文侯启用仅一年后，他给魏文侯送上了一份厚礼——西河。

西河，是今天黄河以西的地区，包括陕西澄县等大片领土。在战国时期，这里是秦国和魏国的国界，战略位置极其重要。吴起到魏国后，很快被任命为西河守将，任务就是夺取整个西河。

公元前409年,吴起只带着八万人,向西河二十万秦军发起进攻。

到了公元前408年，吴起占领了秦国的郃阳、华县等地区，整个西河都被吴起收入囊中。魏文侯设立西河郡，吴起被委任为西河太守。

此后，吴起镇守西河二十七年，和秦国大小九十六次的战斗中，有七十六场取胜、二十场平手，可以说是“不败将军”。这二十七年是魏国的黄金时期，到魏武侯即位，魏国已经是列国中的最强国。吴起野心也变大了，他想更进一步，成为位高权重的魏国相国。

令吴起没想到的是，新登基的魏武侯，不但不信任吴起，相反对他的能力很忌惮。老相国李悝去世后，继任相国的，先后是贵族商文和驸马公叔痤，就是没有吴起的份儿。而相国公叔痤是个心胸

狭窄的人，他在魏武侯面前说吴起的坏话。得知消息的吴起只好逃离了魏国。

逃离魏国没多久，吴起很快找到了新的去处——楚国。而他人生里最悲壮的一幕，也在此上演。

吴起到楚国时，楚国正好是楚悼王在位的时候，吴起先被任命为宛城太守，很快连战连胜。因为战功，吴起成为楚国的国相。

欣赏吴起才华的楚悼王，也给了吴起另一个重任——变法。身负重任的吴起，参照李悝变法的范例，面对楚国复杂的局面，开始推行他的政策。

吴起的变法有几个方面：一是取消世袭的贵族制度，不但取消世袭，还要将贵族迁移到边远州县去；二是精简机构，提高行政效率；三是统一言论，任何发表反对变法言论的都要治重罪；四是创办由精选士兵组成的国家精锐部队——厉甲兵。由此楚国的实力大大增强。

公元前 381 年，经历变法图强的楚国挥师北上，以摧枯拉朽之势将魏国打得大败，吴起大军一路打到了黄河边上。战后，楚国人饮马黄河。北方诸国大惊：春秋时期曾经把长江以南打得天翻地覆的楚人回来了！

公元前 381 年，一直支持吴起的楚悼王去世。在楚国召开追悼会的那天，旧贵族发生叛乱。反应不及的吴起遭到追杀，只能躲进楚悼王的灵堂里，被叛军弓弩手包围。临死前，吴起急中生智，干脆扑到已经过世的楚悼王身上。这时，杀红眼的叛军万箭齐发，吴起和楚悼王全都被射成了刺猬。

而楚悼王被射成刺猬的后果是严重的。按照楚国的法律，射杀国君就是叛乱，射杀国君的尸体亦是。楚肃王即位后，参与叛乱的七十多家奴隶主贵族尽数遭到诛杀。吴起以自己的生命为代价，让楚国的守旧力量遭到了沉重的打击。而战国时期楚国的崛起就从此

开始了。此后，楚国经过楚肃王、楚宣王，开始重新振作国力。后来魏国国力衰弱，强秦东出函谷关的时候，楚国一度和齐国成为关东诸侯中仅有的可以抵抗秦国的力量。楚国的这一切，是吴起以生命为代价换来的。

小贴士

吴起离开魏国后，魏武侯依然一心一意向外扩张。在没有吴起的情况下，魏国虽然曾败于楚国，但是对外战争依然胜多负少。它的军事力量和国家实力，依然是列国中最强的。但是任人唯亲的魏武侯缺乏独到的战略眼光，导致魏国四面树敌。魏国的霸业渐渐走到了终点。

墨子和墨家

战国时期百家争鸣，学术流派众多，其中，较为特殊的一个就是学问家墨子，以及他亲手创立的学术组织——墨家。

墨子的籍贯，今天还有颇多争议。司马迁的《史记》说他是宋国人，清朝学者毕沅说他是楚国人，甚至外国学者也来凑热闹，说他是印度人……

身世神秘的墨子，从来都是个争议很多的人，但只有一样是没争议的——他是一个伟大的人。

一

墨子，名翟，生活在春秋战国之交，是墨家学派创始人。

墨家的信徒主要是中小地主，以及手工业者和城市平民，涵盖了社会各行业。他的门徒各有所擅长的技能，特别是科技研发方面。

他们熟悉手工技术，精通各类精巧器械的制造。

在战国时期，这样的人才是极其稀缺的，战国的各个国家都曾

经重金悬赏，邀请能工巧匠为他们改良武器。如果能顺从统治者的要求，即使不搞学问，只专造武器，墨家也能发大财。

但墨家学派的追求，不是发大财，更不是打仗。他们的思想主题：一是“兼爱”，即人与人互相帮助；二是“非攻”，即消除战争；三是“节用”，即反对浪费；四是“非乐”，即反对音乐；五是“非命”，即尊重生命。

提出这些愿望的墨子，也用行动来实现他的愿望。有一次，楚国准备攻打宋国，墨子不远万里跑到了楚国，阻止楚国发动战争。楚国正是志得意满时，当时的巧匠鲁班又为楚国制造了一种可以直接搭进城墙里的云梯。在劝说无效后，墨子和鲁班比试。两个人各拿了条腰带做演示，使出平生所学来斗法。结果鲁班输了，避免了一触即发的战争，宋国老百姓也得以享受一段和平的时光。

对于墨子的一生，各类史料记载比较杂乱，唯一的共识是：他将大多数精力投入传道、讲学、收徒中。他的主要活动方式是开班上课，给学生们传授自己的学说以及各种知识，当有地方发生战争的时候，他就主动出面，带领学生们去制止战争。他们生活简朴，穿粗布草鞋，游走于列国之间。

二

除了创立独特的墨家学说外，墨子影响到今天的还有他的政治主张，以及在自然科学和哲学上的成就。

在政治主张上，墨子的核心思想是“尚贤”，即诸侯国的国君和官员，都应该由老百姓组织选举产生。如果国君不合格，老百姓就有权罢免他。在两千年后，无论是爆发于欧洲的资产阶级革命，还是孙中山先生领导的辛亥革命，都从中受益颇多。

在哲学思想上，墨子提出了判断是非真假标准的“三表”论：第一是历代帝王的统治经验，第二是老百姓的反映，第三是是否符合老百姓的根本利益。虽然墨子依然认为，学生对老师要无条件服从，人民对君主也要无条件服从，但他的思想还是先进的，依然超越了那个时代束缚。

而墨子影响最深远的是他的科学成就。不但在当时的诸子百家中无人出其右，更远远领先于当时世界的其他国家。

墨子的科学思想包括今天的数学、物理、机械制造等各个学科。

科学理论方面，他认为事物是在运动变化的；数学方面，墨子的著作里阐述了数学十进制、正方形、三角形、开平方等理论问题；物理方面，墨子是人类第一个提出作用力和反作用力的学者，他还发现了杠杆原理。他有许多卓越的发明，曾制造上了发条可以扑腾翅膀的木头鸟、能载重三十石的马车；他还熟悉一切兵器的制造，他的著作对于攻城武器、守城武器、弩等，都有制造方法的详细阐述。

三

虽然墨子创立了显赫一时的学派，并在列国中有崇高的威望，但他的主张注定不会被统治者接受。

墨子的核心思想是兼爱、非攻、尚贤，尚贤这条是封建统治者最厌恶的。有哪个统治者愿意让人民来主宰自己的命运？至于兼爱、非攻，更是笑话了。春秋战国就是要打仗的，特别是大国，没人愿意放弃战争。墨子在有生之年奔走于列国之间，努力制止战争，但绝大多数以失败告终。

失败的墨子带着遗憾去世了，但他所创立的墨家在他死后，变成了一个奇特的组织——墨门。他的门徒们奔走于征战的列国之间，

以扶持弱小为己任，经常帮助逃亡的难民。他们哪里有危险就去哪里，哪里有弱小就去救护，哪里有强敌就去反抗。

小贴士

墨家在战国时期的兴盛随着战国的结束日益衰微。晚期的墨家分为两支，一支以科学研究为主，包括物理、光学等方面的研究；另一支则成了社会上游侠群体的一部分。在汉武帝刘彻独尊儒术的时代，墨家遭到了残酷的打压，最终淹没在中国封建社会的尘烟之中。

默默无闻的农家学派

比起喧嚣一时的墨家学派，战国诸子百家当中，还有一支无论在当时还是后世知名度都不高，却有着深远影响的学派——农家学派。

农家的基本思想就是农业平等，即要求统治者要与农民一起劳动，一起分配劳动果实，反对统治者对农民过分压迫。他们的另一个贡献是在农业科学上，他们在提高农田产量、改进农耕技术研究方面，取得了卓越成就，对中国农业的发展有重要影响，思想这么特殊的学派是怎么产生的呢？后来又去哪里了呢？

农家学派的代表人物，最有名的就是许行。

许行是楚国人，生活在楚宣王至楚怀王在位时期，和儒家学派的孟子是同时期人。

比起诸子百家周游列国、传道授课来，许行也一样不轻松，不过他只做一件事：种地。

许行曾带着弟子们在江汉平原开荒种地，也曾周游列国推行自己的主张。有一次，他去滕国拜见滕国国君滕文公，当场要求滕文

公给他一块土地。他带领弟子示范耕种，秋收的时候，果然大丰收。巧合的是，当时孟子也在滕国，亲眼见证农家不畏艰险地开垦荒地后，大为赞赏。

得到赞赏后，许行立刻提出了他的主张：请国君放弃宫殿，解散奴仆，靠自己的劳动生活，建立一个人人耕作、相互平等的社会。

这下可把滕国国君“雷”着了。连之前赞扬许行的孟子，也对此非议颇多。结果，两家立刻展开了激烈的辩论。辩论的双方，一边是孟子，一边是许行的弟子陈相。

陈相首先指责滕文公，说滕文公自己不劳动，仓库里却满是粮食，这是不道德的。孟子立刻拿帽子做比喻说，你许行戴的帽子，是用粮食换来的，也就是用你的劳动换来的，那么国君所吃的粮食，也是用他的脑力劳动换来的。一番辩论后，陈相哪里是孟子的对手。孟子抛出了他的观点反驳陈相：劳心者治人，劳力者治于人。

即使遭到了孟子的驳斥，农家也依然坚持主张：劳动是光荣的，不劳而获是可耻的，设立仓库储存粮食更是懒惰的。为了推广他们的主张，许行又游走于其他一些国家，用的依然还是老办法：要一块地，带着徒弟们耕种，收获后要求国君种地，然后被驳斥，走人。

终其一生，他们一直这么奔波。

农家学说的出现，在当时不是偶然的。当时封建制度初立，自耕农地位提升，也就有了代言人。经济的发展，令农业的地位更加重要。普通的自耕农希望改善自己的生活，减少赋税，希望改变农民的身份地位。农家学说也就产生了。

农家所追求的社会，其实还是原始社会那种公社式的生活方式。

但在历史演进到封建制度的时代，这种追求很明显是与时代脱节的。

农家思想不被接受，也是自然规律所致了。

遭到当时各国统治者拒绝的农家思想，在农业科学方面却展现出他们超越时代的影响力。

农家的门徒们非常重视农业生产科学的总结与研究。他们的研究成果，主要保存在吕不韦编纂的《吕氏春秋》中，分为《上农》《任地》《辨土》《审时》四篇。《上农》中提出优先发展农业的理论；《任地》和《辨土》细致讲述了农业耕作中的基本知识，包括提高土地肥力、辨别土地肥沃程度、改良土壤质量等；《审时》则划分了农业生产的农时。这四篇文章是中国农业生产的宝典。

另一本记录农家主要思想的典籍，则是齐国稷下学宫编纂的《管子》。这本书不但阐述了农业生产知识，还提出了先进的农业生产理论，主张国家要以农业为本，并反对发展商业。这些思想后来被各封建统治者采纳总结，形成了中国两千年封建社会的基本经济思想——重农抑商。而农家学派的一句口号，也成为封建社会政治家的箴言——民以食为天。

小贴士

农家思想不但影响了春秋战国时期和封建社会时期，到了近代，伴随着西方“中国热”的兴起，农家思想被西方传教士带到了欧洲，对欧洲近代历史也产生了重要影响。重农思想推动了欧洲农业的发展和经济理念的变革，并被伏尔泰等启蒙思想家所推崇。

纵横家始祖——鬼谷子

进入战国时期以后，列国之间的战争规模越来越大，各国间的往来也越来越多。在连接各国的交通要道上，时常能够看到身着华服、仪仗隆重的使团来回奔走。许多原本荒无人烟的交通道路，因此也热闹起来。

联系密切了，外交活动更频繁了，慢慢对使者的要求也就更高了。国君选拔使者，不再只看出身，更看重的是能力，只有富有卓越见识、口才一流，并拥有过人气魄的能人，才能担负这样的任务。一个使者的人选有时候关系着一个国家的生死存亡。

这样的能人，在战国时期，通常被叫作纵横家。所谓“纵横”，正是战国时期初创却发展极为迅速的一个新兴学派。这个学派研究的内容就是国与国之间的外交。在战国时期，那些担负出使重任的使者，基本都是这个学派的徒弟。国家与国家之间的外交博弈，基本都是这些师兄弟之间的学识比斗。

而在他们斗学识的时候，他们的师父，一位白发苍苍的老人，就站在河南汝阳地区一处偏僻的山洞里，默默凝望着山下的风云变

幻。这个人就是纵横学派的创始人——鬼谷子。

鬼谷子，名王禅，又被称为王禅老祖，对于他早期的经历，正史基本没有记载，民间传说倒很多。他隐居在鬼谷洞，在此地收徒，传授学问。新兴的“纵横学”，就是由这个神秘的人以隐蔽的方式逐渐发展壮大的。

身世神秘的鬼谷子，比起诸子百家的其他代表人物来，是个通才。他精通的学问主要有三类：一是兵法，不但熟知兵法韬略，更有独特的兵法思想；二是纵横学，也就是这个学派的核心学问，主要包括处理国家外交时的各种智慧，诸如谈判、分化瓦解敌人、揣摩对手心理等内容；三是医学，他对于养生、医疗、保健都有自己独特的见解，许多思想也被中医所传承。

鬼谷子的纵横学之所以能够脱颖而出，全靠两个字：实用。

当时的战国局势十分复杂，征战的列国之间开始钩心斗角。因此国家之间的外交处理，就变得越来越重要。精通纵横学的门徒，也就成了列国最欢迎的人才。

在这种情况下，纵横学也就成了最热门的学问，纵横学创始人鬼谷子的名声也越来越大。不算他亲手教出来的徒弟，仅是研究他的学问、间接向他学习的人就已经是群英荟萃了：秦国大将甘茂、司马错，燕国大将乐毅，齐国相国邹忌，秦国相国范雎……这些皆是当时纵横捭阖的政治名人。战国时期以后，他的学说同样也被人推崇，帮助刘邦建立西汉的谋士郦食其、陆贾等人，都从他的学说中受益匪浅。

而在当时，他最杰出四个门徒的名字——孙膑、庞涓、张仪、苏秦——更是被人广为流传。这四个人，两个是战国杰出的外交家，两个是战国杰出的军事家，而且他们相互之间更是互相拼杀。先是两个军事家互相斗兵法。孙膑和庞涓，一个是齐国军师，一个是魏

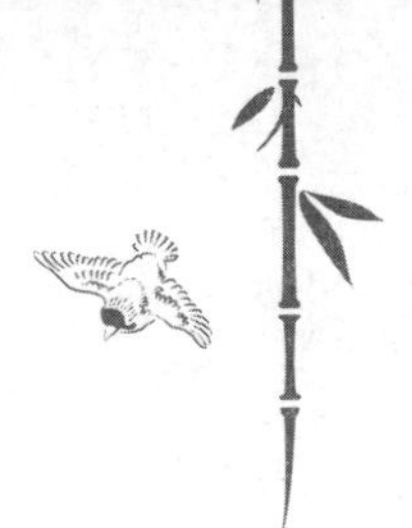

国大将，最后孙膑战胜了庞涓，齐国也战胜了魏国。接着是两个外交家互相斗智——张仪斗苏秦，张仪为秦国效力，倡导“连横”，即拆散抗击秦国的联盟；苏秦则倡导合纵，即联合诸国，一起对付秦国。这两场争斗贯穿了战国时期后半段的历史，如果说后半段的战国历史是由鬼谷子书写的，也不为过。

小贴士

鬼谷子过世后，留下两部经典著作《鬼谷子》和《本经阴符七术》。《鬼谷子》一书，总结了纵横学中的谈判技巧、谋略运用、兵法韬略，甚至还包括医学养生，堪称是纵横学派的百科全书。至于《本经阴符七术》此书一共分为七篇，前三篇讲精神的修养和思想境界的提升，后四篇则讲如何用健康的精神处理外部事物，是中国本土宗教道教的重要宝典。

商鞅变法，秦国独强

在魏文侯通过变法实现振兴魏国的过程中，被魏国多次击败的秦国也渴望一雪前耻。公元前 361 年，秦孝公即位后，决心效仿魏国，开始图谋变法。

就在同一年，一个落魄的中年人向东边的魏国投射下仇恨的一瞥，然后默默走进秦国的边城。他的到来，不但开启了秦国的变法之路，而且改变了中国历史的走向。他就是战国时期最伟大的变法家——商鞅。

商鞅是卫国人，生于公元前 390 年，做过魏国丞相公叔痤的家臣。在这期间，他仔细学习李悝、吴起两位变法家的思想，从政理论日益成熟。商鞅心中也立下了同样的理想：有一天，要实现与他们相同的事业。

公叔痤这个人嫉贤妒能，直到临死的时候，才对当时的魏惠王推荐商鞅，请魏惠王任命商鞅做国相。谁知魏惠王只是说了句：“你真是老糊涂了。”听到魏惠王拒绝，公叔痤又出了个阴毒的主意：“如果不想启用商鞅，就一定要把他杀掉，否则商鞅投奔了他国，必然

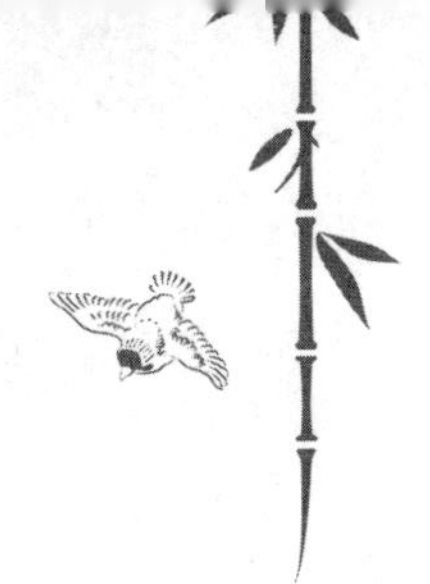

是魏国大患！”

这事很快被商鞅的朋友知道了，他通知商鞅赶快逃命。商鞅却冷冷一笑说：“魏王既然不肯听公叔痤的话用我，又怎么可能听公叔痤的话杀我？”事实果然如此。公叔痤死后，家里门客尽散，根本没人搭理商鞅。正好这时候，秦孝公四处求贤，商鞅就收拾好行囊，向秦国进发。

商鞅到秦国后，两年里一共见了秦孝公三次，还在朝堂上和甘龙等旧贵族当场辩论。秦孝公坚定了变法决心，公元前356年，他正式任命商鞅为“左庶长”，主持变法运动。改变秦国历史以及战国历史的商鞅变法开始了。

这时商鞅要变法，比李悝他们更难，因为在秦国当时没人相信变法这事。商鞅推行变法之前，秦孝公也推行变法，可许多政策都成了空文。对于变法，秦国从官员到人民都不信了。

商鞅为了争取人心，在秦国都城南门竖起一根三丈长的木头，并贴出布告：谁能把木头搬到北门口，就奖十两黄金。大家都奇怪：木头不重，路又不远，凭什么奖十两黄金？到中午赏金翻到五十两。

这时来了个傻小子吭哧吭哧把木头抬走了。商鞅二话不说，当场兑现奖励。“南门立木”的典故就这样传开，所有秦国人都知道了商鞅说话是算数的。

商鞅趁热打铁，开始推行他的变法政策。他把变法过程分成了两个阶段。第一阶段包括废除世袭制，设立军功授爵制，实行编户制管理人口，奖励耕作。其中，他独创了编户制，它规定一个人犯罪，多人会受株连。这样就可以随时打击反对变法的人，变法的阻碍也就少了。

商鞅执行变法的手段也极严厉。一次在渭水河畔，他总共杀掉七百多名破坏变法的旧贵族，而且大部分是被株连的亲族，甚至还

有邻居，渭水河面被鲜血染得通红。连秦孝公的儿子，商鞅也不姑息。当时秦孝公太子的老师公子虔犯法，商鞅得知后，对公子虔处以酷刑，割掉了鼻子。这时期的商鞅让整个秦国上下都打哆嗦，却让秦国实现了几代人的梦想——富国强兵。

商鞅第一阶段的变法持续了七年，从商鞅变法的第三年起，秦国在河西发动攻势，多次击败魏军，逼得魏国把首都搬到了大梁。

公元前350年，商鞅再颁变法令：一是废除井田制，鼓励农民垦荒，就算是贵族的土地，谁开垦了就是谁的；二是建立郡县制，将全国分四十一个县，县的长官县令由中央直接任免；三是统一度量衡，确立国家对商业贸易的管理权；四是编订秦律，建立一个严格的官员督察体系。后来六国所羡慕的秦国官员的严谨、认真、高效，正是由此而奠基。

商鞅的变法遭到了旧贵族的反对，朋友提醒商鞅，那些反对新法的旧贵族时刻想着害他，商鞅慨然回答："即使我商鞅有粉身碎骨的一天，商鞅创立的新法，也没有人能改变。"

这时，秦国实力得到空前强大。在商鞅的坚持下，秦国把首都迁到了咸阳，并定下了东进中原的国策。秦国也不断用兵，收复魏国占领的西河失地。公元前340年，商鞅亲自率军击败魏国十万大军，俘虏魏国公子。魏国无奈之下，向秦国归还了所有的西河领土，秦国几十年的国耻就此洗雪。这之后，强大一时的魏国，在秦国和东方另一大国齐国的夹击下，国力日益衰退。而秦国则继续东进，彪悍的秦国大军跨出了函谷关，目标直指富饶的中原大地。

秦国的强大使商鞅的个人威望也到达顶点，他得到了丰厚的赏赐，有了封地，成为当时的新贵族，但他的灾难也悄悄降临了。

公元前338年，一直支持商鞅的秦孝公去世。即位的秦国国君，就是当年曾和商鞅结仇的太子驷，也就是秦惠王。大批旧贵族四处

造谣，诬陷商鞅谋反，秦惠王派军队去商鞅的封地缉拿他。商鞅闻讯后立刻逃跑，逃到边境时，却没有客栈主人敢收留他。商鞅订下的法律规定，客栈如果收留没有“身份证”的客人，是要遭连坐大罪的。走投无路的商鞅最终被秦国的追兵逮捕，最后以车裂的刑罚处死。

商鞅死后，在旧贵族的煽动下，秦惠王本想将商鞅的新法全部废除，但这时商鞅变法措施已经深入人心，秦国依然延用了商鞅变法时期的国策内容，并继续走向强大，而商鞅本人则成了悲壮的殉难者。

小贴士

商鞅虽然悲壮地殉难了，但是商鞅变法对于秦国崛起的影响永远无法替代。奖励耕战的政策，造就了秦国强大的军队，更促成了秦国经济的崛起，使秦国拥有了比其他列国更强的国力。严格的律法造就了秦国令行禁止的形象，当时出使秦国的使者们，最为敬佩的是秦国官员高效的办事能力和廉洁奉公的精神。商鞅变法，就像一台高能量的发动机，带动着秦国加速前进。

讽谏的邹忌

公元前356年的中国大地上，各国的国君不是忙着打仗，就是忙着搞变法。

但齐国国王却很闲，他才二十二岁，在位已经九年，每天就知道弹琴取乐，禁止大臣说国事。大臣们有敢汇报国事的，轻的话会被轰出去，重的就要被处死，慢慢也就没人敢劝了。

偏偏雪上加霜，齐王宠信了一个年轻的琴师，这人相貌英俊、器宇轩昂，齐王整天拉着他讨论音乐，不理国事。许多忠心为国的大臣对此情形，也只能私下里叹气。

谁知几天后，原先啥事也不干的齐王，居然开始认真料理国事，他还取消了原先的禁令，鼓励大臣们向他提意见，说得对的立刻照办。

九年来日益衰败的齐国，就这样开始振兴了。

那个琴师也得到了重用，而且做了相国。这时大家才知道，他是化装成琴师进谏齐王的，和齐王讨论音乐的时候，他中肯地劝说齐王："治理国家就和弹琴一样，必须全神贯注，才能弹出优美的音乐。琴弦就像大臣，国君就是琴师，大王你弹琴好，治国却心不在焉，

这样怎么能弹好国家这个大琴呢。”这席话让不务正业的齐王幡然醒悟，从沉迷于享乐的昏君变成了亲手促成齐国强大的一代英主——齐威王。

而这位“琴师”，就是和商鞅齐名的杰出政治家——邹忌。他这种用委婉的方式劝说国君的技法，被后人称为“讽谏”。

担任相国的邹忌，像他“讽谏”时一样，在整个变法过程中，都是一个特点：不喊口号，尽量不得罪人，潜移默化地就把事情完成了。

邹忌的主要政策包括：一是广开言路，号召老百姓提意见；二是招揽人才，重赏有政绩的官员，严惩有劣迹的官员；三是完善稷下学宫的建设，鼓励学者们自由发言。比起之前列国轰轰烈烈的变法来，这些政策似乎很平常。

但这几个措施带来了不平常的结果。鼓励老百姓进谏，其实是借舆论压力，推动齐国改革。在虚心纳谏的过程中，齐国废除了奴隶制的世袭政策，建立了中央集权管理体系。对吏治进行整肃的同时，齐国制定了完备的法律，形成了封建化中央集权的国家体系。稷下学宫的完善，更令大批人才聚集齐国，无论齐国制定法律，还是建设经济，稷下学宫都是齐国国君最重要的智囊。

邹忌的这些政策。不可避免地也遭到了旧贵族的反对，但邹忌依然很会“讽谏”。比如他提议广开言路，故意先问齐威王：“大王觉得我和徐公（当时有名的帅哥）谁漂亮？”齐威王答：“徐公长得漂亮。”邹忌立刻说：“对啊，可我老婆说我帅，我的下属也说我帅，如果任何事都只听身边人说的，我们就得不到正确答案了。”这一段话让齐威王立刻拍案叫绝，后面通过广开言路和借助舆论推行的政治改革就这样完成了。

在工作中，邹忌也乐于听取同僚的意见。他担任相国后，首先

问学者淳于髡："我应该先做什么呢？" 淳于髡也"讽谏"说："大车轮子如果不校正，就不能正常行驶；琴弦如果不校正，就不能正常演奏。"邹忌立刻会意，先着手修订法律，惩治贪官污吏。擅长讽谏的邹忌，也擅长接受讽谏。

在邹忌的努力下，齐国的国力日益强盛，并开始了和魏国的争霸战争。齐威王任军事家孙膑为军师，让大将军田忌联合统军，于公元前354年和公元前341年，两次击败魏将庞涓统率的魏军，特别是公元前341年的马陵之战，不但魏将庞涓战死，魏国还痛失十万精锐部队，从此一蹶不振，两场战斗期间的邹忌，虽然没有直接指挥战斗，但正是他多年辛苦，积累的充足兵力和丰厚物资，才最终支撑齐国打赢了战争。战争的胜利使齐国取代魏国成为中原最强大的诸侯国，对此，邹忌居功至伟。

但马陵之战的胜利给邹忌的名声蒙上了污点。

齐国变法时期的邹忌，工作认真努力，待人谦和内敛，对国君也非常尊重，像一个完美的名臣。事实上，邹忌性格中还有一个重要的弱点——妒忌。妒忌的对象，就是马陵之战的指挥者——军事家孙膑。马陵之战后，田忌和孙膑凯旋。邹忌故意栽赃陷害二人谋反，结果田忌逃到了楚国，孙膑也借故离开归隐了。此时，秦国趁机大肆侵占魏国土地，并以此为跳板，开始了对中原的扩张。一心要实现齐国振兴的邹忌，无意中帮了秦国的忙。

比起秦国变法家商鞅的悲惨下场，邹忌的结局好得多。他做事低调、内敛、谦和，更得齐国两代国君齐威王和齐宣王的宠爱，得罪人也少得多。公元前319年，六十六岁的邹忌去世，当时在位的齐宣王悲痛万分，举行了隆重的仪式哀悼。在战国的几位变法家中，他是少数得到善终的一位。

小贴士

齐国打败魏国之后，真正得利的却是秦国。魏国的衰弱使秦国东出少了最大的障碍。而齐国在随后的多年里，在各个方面都被秦国甩开，无力单独与秦国争锋，强秦崛起的态势就此形成。

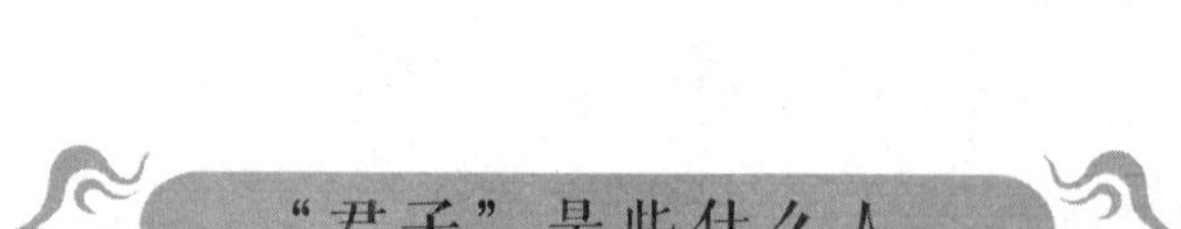

“君子”是些什么人

到了战国中期，随着各国变法的完成，封建制度也得以确立，许多国家都出现了这样一群奇特的人。

这些人住着高大的宅院，家里财产丰厚，特权也多得很，国君们对他们客客气气，没有谁敢反对他们。家里养着一些白吃白喝奇怪的人。这些白吃白喝的人，不是精通武艺，就是擅长辩论，甚至还有人精通科学，都各怀才能。这些怪人，最多的时候有好几千，被叫作“门客”，真遇到事情，要卖命效力。

这些收留门客的人当时被人叫作“公子”，而在后世他们则被称为“君子”，是各国享有特权、位高权重的新贵族们。

“君子”又是怎样产生的呢？

原来，战国时期在经历过变法之后，那些新贵族有了政治特权，而财富也迅速增加。那些有崇高名望和卓越能力的人，就被称为“君子”。

而新贵族要想成为君子，只有地位、势力、财富和门客还不够，另外重要的就是名望。整个战国时期出了四个这样的君子，史称“战

国四君子”——魏国信陵君、赵国平原君、楚国春申君、齐国孟尝君。

这四个人的共同特点是都很有钱，也都很有权，都养了很多门客，也都有好名声。他们的身份也很特殊：魏国信陵君魏无忌，是魏昭王的小儿子，魏安釐王的亲弟弟；赵国平原君赵胜，是赵武灵王的儿子，赵惠文王的弟弟；孟尝君田文，则是齐宣王的侄儿、齐湣王的堂弟；春申君黄歇，家里是楚国世代公室大臣。他们都是各国国君的自家人。

在战国，有他们这样身世背景的人很多，但只有他们四个被称为君子，原因有二：一是他们有神通广大的门客，二是他们有很大的人格魅力。

这四位君子都有很多神通广大的门客。魏王宠爱的妃子如姬父亲被人杀害，魏王想尽办法也没找到凶手。信陵君知道后下令门客帮忙，没多久就把凶手杀掉了。孟尝君的门客也很厉害，有次他被邀请到秦国，结果秦王图谋杀害他。孟尝君的一个门客学狗叫混入秦国仓库，偷来了孟尝君先前送给秦王的狐皮锦袍贿赂秦王爱妃，在秦王爱妃的帮助下得以脱逃；在逃出关卡的时候，又碰上关卡以天黑为由拒绝放行，另一个门客学鸡打鸣，引得守关士兵误以为天亮了开关放人，这才逃出险地。成语“鸡鸣狗盗”就是这么来的。

能招来这些神通广大的门客，只靠钱是不够的，更要靠人格魅力。孟尝君对门客非常有礼，一次有门客嫌自己吃得差，结果孟尝君把自己碗里的饭给门客看，原来两个人吃的都一样。门客羞惭无比，立刻自杀谢罪。平原君在赵国享有免税特权，一次有个新来的收税官上门收税，平原君不但不生气，还向赵王推荐这个税官，这个人就是后来战国时期的第一骑兵名将赵奢。他们能够招揽门客，除了拥有财富地位外，还有辨别人才的眼光和包容人才的胸襟气度。

在国家大事上，四君子都有慨然担大任的精神：春申君在楚怀王父子遭秦国囚禁的情况下，毅然出使秦国，说服秦昭王放还楚国太子。

公元前259年，赵国国都邯郸被秦国围困，在邯郸保卫战中，平原君率领家人门客带头上城抵抗，并把财产拿出来捐赠前线。信陵君不但带着家人、门客支援赵国，更通过魏王宠妃如姬，偷出了魏王的兵符，调魏国军队增援赵国，一举击败秦国入侵。这就是“窃符救赵”的典故。

留下诸多典故的“四君子”的下场也各有不同。信陵君因为“窃符救赵”触怒魏王，一度不敢回国，留居赵国十年。后来在门客的劝说下回到魏国，并放弃权力，晚年沉迷于酒色，最终还是被魏安釐王毒死。平原君常年担任赵国相国，最后善终。孟尝君被齐王解除相国职位后，晚年过世于封地薛。春申君则在楚考烈王过世后，被权臣李园骗入王宫中杀害。随着四君子的死去，他们门下数千门客云集、人才荟萃的盛况再也不复返了。比起春秋时期的贵族世袭来，战国时期高度集权的国王们虽然常利用君子，但说到底，还是不希望“君子”们存在。

小贴士

四君子相继故去后，他们的传奇经历以及独特的人格魅力，都无不令后人神往。西汉历史学家司马迁就曾感叹说：“我有一次路过当年孟尝君的封地薛，发现当地人个个脾气暴戾，好勇斗狠，想来应该都是孟尝君门客的后裔吧。”

两千年前的战国“科技革命”

随着战国历史的演进，除了封建制度确立，以及列国战争加剧外，还有一件事深远地影响了历史——战国时期的科技革命。

战国科学技术发展的首要原因，就是新兴封建制度的确立，这种新的社会制度，提升了人民的生产积极性。人们开垦大量荒地，还想方设法改进提高农业生产技术，使得农业技术的发展速度超过了之前任何一个时期。

而日益加剧的战争无意中也催生了科技的进步。因为国家之间打仗，实际上是在比经济实力，要打仗，就要发展农业经济。当时各国都鼓励农民去垦荒，所以从战国时期开始，性能更高的铁制农具被大量使用。铁农具的推广为农业带来巨大改变：一是开垦土地的面积变大；二是一个人干的活更多，原先两三个人用木头农具才能干的活，现在一个人用铁农具就能完成，于是自耕农就越来越多了。

比起铁农具来，另一项新农业技术——牛耕，不但提高了农业产量，还改变了战国的经济版图。

牛耕从战国初期开始，就在各国中被广泛推广。从中受益最大

的是原先农业落后的秦国。当时秦国畜牧业发达，推广牛耕也就更容易，秦国因此也有特殊的福利政策：只要愿意在秦国开荒种地，国家不但给钱，还送牛马等牲口。结果中原大批农民投奔秦国，使得秦国人口激增，农业生产发展蓬勃。

战国农业进步的另一个方面，就是施肥技术的突破。战国时期的农民们，已经懂得把动物的骨头和麻子煮成汁作为肥料，还把野草烧成灰做成绿肥。这两种肥料一直沿用于整个中国封建社会。

得益于农业技术的进步，战国时期的农作物亩产量也直线上涨。

战国早期变法家李悝就有过论述："魏国刚建立的时候，一亩土地的产量是一石半，而在使用铁农具以及肥料后，产量最高可以提升四倍，最少也可以提升一倍。"

战国农业的发展也促进了商业的发展。因为生产力的进步，春秋时期贫苦的自耕农们手里有了钱，既能去市场上买日用品，还能把富余下来的粮食拿到市场上出售，所以商品贸易就多了。

而在奴隶制解体后，开始有钱的不仅是自耕农阶层。随着中小地主和城市平民的数量日益增多，参与市场买卖的人因此变得更多。在封建制度确立后，比奴隶主阶层更有钱的新贵族们，参与商业买卖的也变得更多。战国的商业因此比春秋时期规模更大,交易量更多，场面也更繁荣。

这时期各地的商业联系也更密切：江汉平原、江南地区以及关中地区和中原的往来日益增多。来自四面八方的货物充斥市面，蕴含着巨大的商业利润，南方的象牙卖到北方市场，价格竟然能高达二百倍。

在繁荣的商品经济下，中国封建城市的规模也越来越大，城市数量日益增多。春秋时期的城市，最大不会超过九百丈，跟战国时期的城市比，几乎只能算是乡村了。春秋时期已建立的城市的规模，

到了战国时期也扩大了。比如齐国国都临淄，在战国早期已经有了七万户，人口达到二十一万，相比之下，一千年后的西欧大城市伦敦，也不过只有十多万人。

战乱频繁的战国时期，经济飞速发展，封建制度初步形成，远远领先于同时期的其他国家。

小贴士

战国时期，中国的科技成就远远领先于同时期其他国家。农业方面，除了使用铁农具和先进的耕作技术外，还有让后人惊叹的几个大型工程，如郑国渠和都江堰。其技术之先进、工程之浩大，都是同时期其他国家难以企及的。数学方面有了九九乘法表，天文方面有了世界最早的星表。这是一个中国古代科技全面井喷的时代。

连横合纵，外交博弈

魏国在魏惠王时期，连续败北于齐国、秦国等大国，日益衰落。西边的秦国不但打败魏国，更大肆兼并韩、赵、魏等中原国家的土地。这样一来，秦国不但成了魏国的敌人，更成了所有中原国家的大敌。因此两种外交活动形成了：一种以团结联合、结盟抗击秦国入侵为目的的外交活动，叫作合纵；另一种则是由秦国发动，意在破坏中原国家联盟，拉拢盟友，实现统一大业的外交活动，叫作连横。

连横政策的创造者，就是魏国人张仪。

张仪祖上是魏国贵族，年轻时投到鬼谷子门下，学习纵横之术，后来到了楚国。楚国令尹昭阳收留他做门客。一次昭阳宴请宾客，席间展示他家珍藏的天下至宝“和氏璧”。宴会散去后，和氏璧竟不翼而飞，有人怀疑是张仪偷的。昭阳把张仪抓起来一顿暴打，可怜张仪哪里交得出来，被打得皮开肉绽后扔回了家。

张仪的老婆见到他的惨样，忍不住号啕大哭，但张仪却不哭，反而问老婆:“我的舌头还在吗？”老婆答:“在啊！”张仪朗声大笑:“只要舌头还在，我就一定有翻身的本钱。”

蒙受冤屈的张仪，公元前 329 年来到秦国，凭着犀利的口才得到了秦惠王的赏识，并被任命为“客卿”。一年后，张仪协助秦惠王的儿子公子华攻克魏国重镇蒲阳。谁知张仪竟反对秦国占领蒲阳，更主张把蒲阳还给魏国，更胆大包天的是，他竟然要求秦惠王把最宠爱的儿子公子繇派过去，给魏王当人质……

等张仪说完理由后，秦惠王不但不生气，反而立刻同意了张仪的建议。因为张仪对他说：“我要用这个机会去魏国，说服魏王归顺秦国。”

接下来，正像张仪谋划的那样，魏王果然喜不自胜，不但和秦国结盟，还一口气把上郡十五个县都送给了秦国。还了一个蒲阳，却得到了上郡，外加魏国的臣服，这买卖秦国赚大了。而让秦国赚大了的张仪也得到了秦惠王的赏赐，回秦后就接替公孙衍成了秦国的相国。而他这种分化瓦解中原国家、为秦国拉拢盟友的谋略，也就被称为连横。

被张仪取代相国职务的公孙衍也是纵横学派的名家，这次被张仪抢了风头，还夺走了官职，哪咽得下这口气？结果公孙衍以牙还牙，跑到了魏国当将军，先联合齐国将军田朌，打败了进犯魏国的赵国，接着公孙衍向各国宣扬自己的政治主张——合纵，即联合列国共同对付强大的敌人秦国。

从此之后，合纵、连横两个外交策略之间的斗法开始了。两方斗法的基本方式就是，合纵一方开始游走各国，结成联盟，然后连横一方发动反击，拆散联盟。

公孙衍反击的第一步，就是说服魏惠王与齐威王联盟，共同对付秦国。公元前 324 年魏惠王两次和齐威王相会，双方订立盟约。

但联盟刚建起来，就被张仪拆散了。张仪出使齐国，从中一通挑唆。偏在这时候，楚国又和魏国发生了战争，魏国向韩、赵等国

求救，却遭到拒绝，结果被打得大败。公孙衍好不容易通过合纵建立的联盟，刚开始就横遭打击。

此后，张仪乘胜追击，为进一步控制魏国。他离开秦国，回魏国做了相国，把持魏国的大权。张仪说动秦惠文王取道魏国，大举进攻齐国，这次可碰了大钉子。秦军被打得大败，魏国也再次倒向了齐国一边，张仪被驱逐回秦国，公孙衍则接替张仪，出任魏国相国。

重新当了相国的公孙衍雄心勃勃，公元前 319 年，公孙衍组织了韩、赵、魏、燕、楚五国联盟，计划讨伐秦国，谁知这次他比张仪还丢脸，只有韩、赵、魏三家派兵来。接着一番大战后，联军被打得大败，仅阵亡就八万多人。公孙衍的合纵谋略，再次遭到沉重打击。

再次合纵失败的公孙衍，只得跑到了韩国出任相国。他在齐、楚两大国之间奔走，促成两国结成同盟，共同对付秦国。而张仪的对策很简单：公孙衍跑到哪里，秦国就打到哪里！结果，孤军作战的韩国，在公孙衍的主持下抵抗了一年，最后只好战败割地。此后公孙衍再度罢官，并回到了魏国。但这时的魏国已经再次倒向秦国，公孙衍在魏国亲秦派大臣的中伤下，含冤而死。

公孙衍死后，苏秦等外交家继承了他的事业，为合纵而努力。而张仪则再接再厉，用小利引诱楚王，诱骗楚王和齐国断交，使楚国独自面对秦国，连续吃了多次败仗。由于他屡次拆散合纵联盟，被秦惠文王封为“武信君”，一时荣宠无比。然而秦惠文王死后，张仪遭到秦国新国君秦武王的猜忌，又逃到了魏国担任相国，并在一年后去世。

张仪和公孙衍先后发起的这场持续整个战国中后期的连横合纵之争，也是整个战国后期局面的写照：面对秦国的威胁，列国诸侯虽然明白联合抗秦的道理，但在具体情况面前，却都多为自己打算，

甚至相互猜忌。就跟张仪拆散六国的联盟的方式一样，最后秦国也是用各个击破的方式，消灭了其他国家。

小贴士

除了公孙衍外，合纵的另一个代表人物便是苏秦。苏秦曾经挂六国相印，多次策动列国联合攻秦。但是同样因为各国之间的互相猜忌，最终无功而返。苏秦本人也因为策动各国攻打当时四处扩张的齐国，落得被齐王处决的下场。他过世之后，尽管战国晚期也曾有大规模的合纵运动，但秦国统一天下的趋势已经不可阻挡。

齐秦争霸

秦国在商鞅变法后，战胜的第一个对手是宿敌魏国。而在魏国衰落，甚至在“连横”中成为秦国附庸后，志在统一天下的秦国的第二个对手，则换成了东方最强大的国家齐国。

公元前 340 年，也就是齐、魏马陵之战结束不到两年后，秦国在秦魏之战中取得大捷，在西河之战中全歼十万魏军，并俘虏了魏太子。魏国，这个战国早期一度最强大的国家，就此彻底衰落下去。战国历史也进入了一个新阶段 —— 齐秦争霸。

秦国从商鞅变法开始，一直到公元前 340 年西河大捷战胜魏国，整整用了十九年。这之后他们战胜齐国，用的时间更长——五十四年。在此期间，秦国经历了齐国齐威王、齐宣王、齐湣王三代。

在齐国击败魏国的早期，志得意满的齐威王，对外主要还是忙着“相王”，即和其他邻国的国君，互相承认对方的王位，并订立盟约，让这些国家成为自己的附庸。公元前 334 年，韩、赵、魏三国国王以朝见周天子的礼节，集体向齐威王行礼，这时候的齐威王俨然成了中原诸侯的盟主。

齐威王做盟主的时候，同时期的秦国国君秦惠文王正在忙着扩张。其间他还曾借道魏国，发动对齐国的入侵，但被齐国击败。

挑战齐国失败的秦惠文王，很快又在另一条战线上取得大捷：灭掉了四川地区的巴蜀政权。秦国获得了大片肥沃的土地，到公元前320年齐威王过世，齐宣王即位时，齐国与秦国之间的国力，已经拉开了差距。也就是这一年，张仪作为秦国使者访齐，他直接问齐宣王："大王您觉得，以齐国的人口经济，能单独和秦国抗衡吗？"齐宣王虽然不服气，却也老实地说："不能！"

齐宣王嘴上说不能，并不是谦虚，因为从他即位起，齐国同秦国的几次战争连遭挫败。一次是秦国联合韩、魏讨伐楚国，在夺取楚国江汉平原后，突然向齐国发起了进攻，结果齐国失陷苏北地区的大片国土。另一次战争，则是齐宣王自己挑起来的。趁着燕国发动内乱，齐宣王对燕国发动了闪电战，仅用五十天就打下了燕国的国都，可是燕国此时的易王后——秦惠王的女儿向秦国求救，这正好又给了秦惠王出兵的借口。结果，秦国两路大军，一路攻向燕国，一路直指齐国，皆获得了胜利。齐军不但被赶出了燕国，还弄得顾此失彼，让本土遭到了侵扰。

为了对付秦国，齐宣王也广结盟友。公元前313年，齐宣王和楚怀王举行会盟，共同对付秦国。但秦国相国张仪故意骗楚怀王说，只要楚国愿意和齐国断交，秦国愿送给楚国六百里土地。贪心的楚怀王果然上当，立刻撕毁了与齐国的盟约；而恼怒的齐宣王也派人联络秦国，相约共同对付楚国。结果第二年，张仪许诺给楚国的土地，最终没有兑现。发觉受骗的楚怀王出动八万大军攻打秦国，反而被秦、齐联合打败。战后，秦国得到了大片楚国领土，齐宣王白忙活一场，啥也没得到。

屡次遭到挫败的齐宣王，晚年把主要精力放在内政上，对内发

展生产，倡导文教，训练士卒；对外采取或打压或拉拢的政策。公元前 301 年，齐宣王过世，其子齐湣王即位。同时期的秦国，在位的国君就是一代英主秦昭襄王。齐秦争霸,在经过齐宣王晚期的平静后，进入了决胜的剑拔弩张时期。

齐湣王登基早期，担任相国的，正是战国四君子之一的孟尝君田文。这对锐意进取的君臣，频繁对外扩张。公元前 301 年，齐湣王大举讨伐楚国，在垂沙与楚国交锋。双方在楚国的方城对峙了六个月，最后齐国从浅滩处发动猛攻，一举击溃楚军。此战消灭楚军两万多人，楚将唐昧被杀，从此，楚国很难再对齐国构成威胁。

击败楚国只是齐湣王的第一步，他的最终目的还是要打败秦国。公元前 298 年，齐国组织了战国历史上最成功的一次合纵，率领韩、魏联军猛攻秦国函谷关，双方鏖战长达三年。齐国主将匡章选派敢死队进行偷袭，终于在公元前 296 年占领函谷关。秦国的关中平原，已然在齐国面前一马平川。在这关键时刻，齐国却选择见好就收，在秦国向齐国谢罪后，随即东撤。合纵联盟成立以来最好的击败秦国的机会，就这样被齐国放弃了。

攻克函谷关，使齐湣王的声望空前高涨，之所以放弃进攻，主要因为这场战争，其实是由孟尝君田文指挥的。妒忌孟尝君声望才能的齐湣王，之后也找借口罢免了孟尝君的相国职务，并任命苏代为相国，而齐国蒸蒸日上的国势，也就从这一刻起逆转了。苏代来齐国，是为燕国做卧底的。燕国在齐宣王时期差点被齐国灭国，到了燕昭王在位的时候，一直在致力于复仇，苏代就是其中最重要的一环。通过苏代，燕国对齐国的内部矛盾、军事情况了如指掌。燕国和秦国也有姻亲，所以当齐湣王对秦国不断采取攻势的时候，不知道自己的头上已经悬挂着一把刀。

函谷关之战后，齐湣王东征西讨，陆续打败了诸多国家。原本

大肆扩张的秦国则转为守势，并主动遣使通好。秦昭襄王还提出，要和齐国并称为帝，秦昭襄王称西帝，齐滑王称东帝。齐滑王起初很高兴，但苏代担心齐国和秦国联手，实力将更加强大。因此在苏代的劝说下，齐滑王主动取消了帝号，把秦昭襄王结结实实地“闪”

了一把。示好不成的秦国，与齐国也更加交恶。

公元前287年至前286年，是齐国对外扩张的极盛时期，相继打败了赵国和韩国，又灭掉了秦国的铁杆盟友宋国。齐国的一系列举动激怒了秦国。至此，齐滑王身边的邻国，没有不被他打过的，得罪光了盟友的齐滑王，很快就招来了报应。公元前286年，秦国、燕国、赵国、魏国、韩国五国联合伐齐，在济水边与齐国决战，强弩之末的齐国大败。齐滑王被楚将杀死，齐国七十多个城市沦陷。虽然后来田单用火牛阵击退联军，拥戴齐襄王复国，但遭此灭顶之灾的齐国，也彻底失去了争霸的资本。秦国在与齐国博弈五十四年之后，终于借中原诸侯之手，搬掉了他们东进中原的最大障碍。

小贴士

随着齐国的衰落，齐国很快由秦国的对手变成了秦国的附庸。齐国最后一任国王齐王建，一直死心塌地听秦国的话，不管哪个国家被秦国攻打，他都置之不理，拒绝救援。结果当秦国最终攻打齐国的时候，齐王建这才追悔莫及，只得乖乖地做了俘虏。

胡服骑射，铁骑纵横

战胜齐、楚两个对手的秦国，很快多了一个新对手，一个国力或许无法与之抗衡，但军事力量强大，战斗力和作战意志都极其强悍的对手——赵国。

和其他战国时期的国家一样，赵国也是通过变法实现自强的。而他的变法方式，比其他国家都特殊。赵国致力于军事作战方式的改革，这场改革也有一个名字，叫作胡服骑射。

所谓胡服骑射，就是赵国的官民百姓，一律抛弃峨冠博带的传统服装，改穿短衣窄袖的游牧民族衣服，即胡服，同时训练一支以骑射为作战方式的新型军队——骑兵。推行这个政策的人，就是赵武灵王。

改革一开始就遭到了反对，他的叔叔公子成等人都带头反对。最后赵武灵王急了，自己带头穿起了胡服，终于暂时把反对声压了下来。接着赵武灵王倾尽国力，建立了一支强大的骑兵。从公元前304年开始，赵国多次发兵北征，击败了位于自己北方的中山、楼烦、白羊等国家，大大拓展了疆域，更占领了战马的原产地，骑兵有了

源源不断的战马，也就更加强大了。

随着齐国和楚国的衰落，雄心勃勃的赵武灵王也生出了和秦国争霸的念头。他提前退位，并把王位传给儿子赵惠文王赵何，自己则号称“主父”。但就在这时，赵国发生了内乱。公元前 295 年，他的另一个儿子公子章叛乱，失败后逃进了赵武灵王居住的沙丘宫。

而此时在位的赵惠文王，居然迁怒于赵武灵王常年对公子章的溺爱，为了彻底把持政权，下令军队围困沙丘宫。可怜雄心勃勃的赵武灵王壮志未酬，就在沙丘宫里饿死了。

害死父亲的赵惠文王，在位共三十三年，也是赵国走向强大的时期。新兴的赵国骑兵，多次在战场上战胜秦国。特别是在公元前 270 年的阏与之战中，赵国以名将赵奢统军，充分发挥骑兵优势，抢先占领阏与地区的高山，然后居高临下发起冲锋，一举击溃秦军。

秦国战死数万人，这是齐秦函谷关之战后，秦国遭受的最惨重一次伤亡。

除了军队强大之外，这时期的赵国也有着一批名臣良将。担任相国的平原君赵胜尽忠国事，名臣蔺相如和廉颇辅佐君主。赵国也因此成为秦国最强大的对手，更成为秦国进军中原的新阻力。

赵惠文王过世后，儿子赵孝成王赵丹即位。公元前 262 年，秦国转而攻打赵国的邻国韩国，先围困了韩国重镇上党，结果韩国国君被秦国吓破了胆，不但拒绝求援，还要求上党守将冯亭投降。冯亭拒绝投降秦国，却投降了赵国。他这么做的原因也很简单：只要赵国接受上党，就可以把这场韩国与秦国的战争，变成赵国与秦国的战争，韩国也就安全了。

结果赵孝成王占了上党，却疏于防备。秦国一下子就打来了，不但攻克了上党，还乘胜追击，打到了赵国长平一带，而且丝毫没

有撤退的意思，反而不断增兵。这下赵国君臣明白了：秦国这次是来玩命的。

秦国玩命了，赵国也不含糊。这时名将赵奢已经过世，赵孝成王让廉颇统军，率领二十万大军前往长平迎战。廉颇全线防守，抵抗秦国进攻。双方整整对峙了三年，到了公元前259年，已经被这场战争拖了三年的赵国，早就疲惫不堪。而这时候的赵国都城邯郸，流传着一个说法：秦国最怕的是赵奢，现在赵奢虽然不在了，可他儿子赵括还在，由他统军，一定能打败秦国。

听到这个传言的赵孝成王也动了心。虽然赵括的母亲极力劝阻赵孝成王，但他还是坚决撤换了前线的廉颇。听闻赵括接任后，秦国立刻准备决战。由最杰出的战将白起统军，征发全国所有十五岁以上的青壮年男子从军，倾全国之力组建了援军，火速开赴长平前线。同时，赵括率领的二十万赵军也到达前线，长平一带的赵军增加到四十万人。这场秦、赵双方的大决战开始了。

到达长平的赵括，改变了廉颇的防守战略。对面的秦将白起，故意在阵线上布置大批老弱残兵，赵括果然上当，立刻下令出击。赵括带来的二十万精锐打头阵，一路冲杀秦军，没想到越杀秦军越多。等着明白过来的时候，才发现自己身陷重围了。与此同时，赵国的阵营早被秦军派遣的两万精锐骑兵占领了。就这样，秦军端了赵括的老窝，卡断了赵括的后路，四十万大军就这样被秦军围了起来。

赵括一直被围困了四十六天，数次突围失败后，赵括亲自穿重甲，率领饥寒交迫的赵军，向秦军发动了最后一次绝命的反击。奇迹没有发生，秦国人的弩箭轻松地射穿了赵括的重甲。赵国四十万压箱底的精锐部队，就这样成了秦国的俘虏。为彻底削弱赵国，这支军队被秦国人陆续杀死。一度足以与秦军争雄的赵国军团，就这样全军覆没了，从此赵国再也无法与秦国争锋了。

小贴士

长平之战，使尚武的赵国丧失了大量军队人口。战败的消息传来时，赵国都城邯郸哭声震天。几乎每个家庭都有亲人在战争中丧生。秦国的损失也同样惨重，主将白起自己就说："参战的秦国军队，士兵死伤过半。"经济消耗也极大，秦国多年来的物资粮食储备，在这场战争中被消耗一空。胡服骑射的赵国，是秦国统一天下的征程中最强硬的对手。

统一六国的奠基人——吕不韦

秦昭襄王去世后，先后在位的秦孝文王和秦庄襄王都短命，秦孝文王仅在位一年，秦庄襄王稍微长一点，也只有三年。但秦国统一天下的步伐并没有因此而减速，因为此时的秦国，出现了一位杰出的政治家——吕不韦。

吕不韦是战国末卫国的大商人，常去赵国做买卖。一天，吕不韦在邯郸街头上偶然看到一个面黄肌瘦，却气度不凡的公子，这人原来是秦国派到赵国做人质的王子子楚。吕不韦当场大呼说："这个人是个奇特的货物啊，可以先把他养起来，将来肯定能卖个好价钱。"

吕不韦绝不是开玩笑，从见到子楚后，他就决定用子楚做一笔大买卖：买秦国至高无上的军政大权。

子楚是秦昭王的孙子，但不受重视，被送到赵国做人质。由于两国常发生战争，赵国人也不待见他，成天过着清苦的生活。平常人想不到此人会有什么价值，但吕不韦知道他的价值。秦昭王这时刚立了太子安国君，安国君虽然有二十个儿子，但是正房妻子华阳夫人却没有儿子。按照秦国法统，太子必须得是正房所生，如果华

阳夫人认子楚当儿子……

发现子楚巨大价值的吕不韦，立刻展开了行动。他先主动结交子楚，吕不韦对子楚说:“你现在在赵国做人质，既不可能继承国君位，也不能享受荣华富贵，不能一辈子这样啊！”子楚苦笑说:“那我有什么办法？”吕不韦说:“不，我有办法，现在安国君成了太子，他的正房夫人华阳氏没有儿子，如果她能收你做儿子，那你的前途不就有了吗？”子楚憧憬地说:“我当然想啊，可我根本见不到华阳夫人，又怎么有机会当她儿子？”吕不韦立刻慷慨地说:“我愿意拿出一千两黄金，帮你办成这事！”话音刚落，子楚就扑通一声跪下，说:“如果真能办成此事，将来我当了秦国国王，一定先拿出一半国土来酬谢您！”

这事在当时不是有钱就能办到的。让一个正受宠爱、前途无量的女人，去认一个素不相识的青年做儿子，哪有这么容易？但吕不韦有办法。他先贿赂了华阳夫人的姐姐，得到了见华阳夫人的机会，之后当着华阳夫人的面，把子楚大大吹嘘了一番，最后他给华阳夫人指明利害:“夫人您现在虽然得到宠爱，要是一直没有子嗣的话，将来年纪大了，还能靠谁呢？”这话也让华阳夫人下定了决心:收子楚当儿子！

这件看似不可能的事，就这样被吕不韦顺利办成了。子楚一下子麻雀变凤凰，成了秦国未来国君的继承人。吕不韦被任命为子楚的老师。这下吕不韦可翻身了，原先只是个商人，现在成了储君的老师，等子楚登基，一定会封侯拜相。后来吕不韦挑选了一个叫夏姬的女子，送给子楚当侍妾。不久，夏姬为子楚生了一个儿子，取名叫政，他就是后来中国历史上的第一个皇帝——秦始皇。

公元前257年，秦国发动了对赵国邯郸的进攻，居住在邯郸的子楚一家处境很危险。幸亏吕不韦抢先一步，买通了邯郸的守城卫兵，

这才让子楚安全逃回秦国，而夏姬以及嬴政则留守在赵国。

护送子楚回到秦国的吕不韦，继续做子楚的老师，并开始培植私人势力，慢慢变成了秦国重臣。公元前 251 年，秦昭襄王过世，太子安国君即位，即秦孝文王，子楚成了太子。为了讨好秦国，赵国把夏姬和王子政礼送回来，子楚一家人总算团聚了。子楚的儿子政，从小就聪明伶俐，吕不韦很是欣赏。

公元前 250 年，在位仅一年的秦孝文王去世。子楚继承了王位，史称秦庄襄王，吕不韦被任命为丞相。三年后，秦庄襄王过世，只有十二岁的太子政即位，史称秦王政。吕不韦除了继续担任丞相外，还被秦王政封为“仲父”。在整个春秋战国史上，得到这个称号的只有两个人，除了吕不韦外，另一个则是开创齐桓公霸业的管仲。这时，秦国大计也全由吕不韦主持。

吕不韦担任秦国相国整整十二年。表面上看，这是秦国非常窝囊的十二年。魏国信陵君出头，发动了联合中原五国的合纵，意图组织联军攻打秦国，而后，赵悼襄王励精图治，结成了抗击秦国的四国联盟。两次抗秦运动，都打得秦军全线崩溃，让秦国甚至缩在函谷关里不敢出来。

之所以会有这样的局面，是因为秦国经过多年征战，国力损耗极大。公元前 247 年，信陵君用个人威望，邀请列国出兵，率领五国联军击败秦将蒙骜的十万大军。这一战胜利后，中原诸国极其振奋，甚至都派人向信陵君学习兵法。

而吕不韦对此的应对方法很简单：先除掉信陵君。吕不韦花钱雇人造谣，说信陵君要篡位。吕不韦的谣言也造得极其逼真，不仅在魏国都城大梁放风，甚至让访问魏国的秦国使臣去拜见信陵君，使臣拜会的时候总不忘问一句话：您什么时候当大王啊？不久魏王果然上当了。劳苦功高的信陵君被魏安釐王用毒酒杀害，所谓的抗秦联

盟就因此瓦解。

在吕不韦做丞相期间，秦国之所以在对外战争上这么狼狈，也是吕不韦自找的。当列国纷纷组建联盟、大张旗鼓讨伐秦国时，秦国几十万精兵，却在陕西北部群山中劳动，修筑一条战国时期最伟大的水利工程——郑国渠。

这个水利工程，最早是由韩国水利学家郑国投奔秦国后主张修建的，而其目的，则是要秦国把大量军队投入水利工程建设中，从而无暇西征。在工程开始后，这个阴谋很快败露，郑国本人也被逮捕，但他慨然回答说："我的工程虽然使秦国暂时遭遇困难，但能收获百年的利益。"这番话打动了吕不韦，在吕不韦的支持下，继续展开工程了。公元前237年，这条长达三百里的水利工程终于完工了，泾河水被引入关中平原，灌溉着四万顷农田。从此，秦国的农业飞速发展，为统一天下奠定了经济基础。这显示出吕不韦卓越的政治眼光。

同时，吕不韦还擅长搞文化，他也学战国四君子那样，养了三千门客。他还编纂了一本汇集战国晚期诸子百家思想，具有极高学术价值的著作——《吕氏春秋》。这部书编成后，他还叫人把书挂在城门上，声称有能改动一个字的，就赏一千两黄金。成语"一字千金"就是这么来的。

吕不韦另一个影响深远的贡献是提出了"义战"的理论。打仗的目的，不但要打败敌人，而且要争取人心，每次作战都要有正义的理由，更要有严明的纪律，不能随意杀戮，更不能抢掠平民百姓的财物。从这以后，秦国军队开始变成一支有严明纪律的军队，而这一点也是他们一统天下的关键。

吕不韦卓越的治国成就使他在秦国的威权达到极致，他自己也越来越不规矩，甚至和秦王政的母亲夏姬私通。随着秦王政渐渐长大，他对吕不韦也越来越不满。公元前237年，秦国宫内发生动乱，秦

王政解除了吕不韦的职务，把他迁移到河南居住。两年后，吕不韦全家被强制迁移到四川地区，路上吕不韦才明白，这时候的秦王政不再是那个听话的好学生，已变成一个他亲手调教出来的、有着深沉心机的杰出政治家。这样一个明了政治利益的人是不会允许他活着的。于是吕不韦就在半路服毒自尽，结束了自己传奇的一生。

小贴士

吕不韦死后，秦王嬴政一度迁怒于所有在秦国的外来人才，打算把他们都赶走。关键时刻，嬴政曾极为赏识的年轻门客李斯上书，用商鞅等人做例子，向他说明：秦国的强大正因为这些外来人才，赶走他们是极不明智的。嬴政收回命令，李斯也凭借卓越表现，成了嬴政极为信任的大臣。

法家宗师韩非子

公元前233年，秦国阴森森的监狱，投进来一个特殊的犯人。比起众多入狱后惊慌失措的犯人，他表现得异常平静，每天作息正常，甚至还向狱卒索取竹简笔墨，时常写点东西。

这个人很奇怪，平日里话不多，偶尔一张口说话，就会把人逗得哈哈大笑，原来他是个结巴。

可每当有犯人取笑他的时候，狱卒们就会恶狠狠地把取笑他的犯人暴打一顿。这样一来，也就没人敢取笑他了，狱卒们也很尊敬他，对他的饮食起居照料周到，他每天吃的都是王室才享用的精美菜肴。

这个犯人就这样平静地住在监狱里，平静地写东西，平静地生活。直到有一天，秦国大臣李斯竟然亲自来看他。他清退了牢中众人，神秘地谈着什么，犯人突然变得很激动，时而结结巴巴地申辩，时而不住地叹息。李斯只是倾听，最后却默默地拿出一瓶毒药来，放在犯人眼前，摇摇头离开了。

犯人呆呆地坐在地上，许久才拿起这瓶毒药，反复端详后，终于悲愤地闭上眼，默默地喝了下去……

这个奇怪的犯人，就是战国法家学派的杰出代表、法家思想的集大成者——韩非子。

韩非子怎么会到秦国的监狱中来呢？又为什么会被丞相李斯逼得服毒自尽呢？

韩非子，本名韩非，所谓“韩非子”，是当时人给他的尊称。他的出身很高贵，是韩桓惠王的儿子。韩非子的教育背景也很好，师承战国时期的儒家宗师荀子。在牢里给他送毒药的李斯，是荀子的另一个学生。他俩曾是朝夕相处、亲密无间的师兄弟。

荀子的思想和其他儒家人物很不同，有“帝王之术”的观点，即怎样帮助国君建立强权统治、驾驭文武大臣。对于这门学问，韩非和李斯都很感兴趣。很快，他们又对司法刑律等学问认真钻研，并系统学习了韩国法家学者申不害的思想。韩非子也自成一派，由此，韩非子的思想流派逐渐变为法家。

在战国时期，法家学说是最受列国欢迎的学说。法家倡导建立君主集权统治，用严酷刑法治理国家，这种思想很对各国君主的胃口。强硬的法家思想可以推动变法，更可以迅速实现国家富强，战国时期许多杰出的变法家都是法家的杰出代表。

身在这样一个受欢迎的学派，又有贵族的身份，韩非子依然不得志。他的父亲韩桓惠王对法家学说并不感兴趣。李斯在韩国觉得不得志，转而去秦国发展了。韩非子有王室身份，就算不得志，也不能像李斯一样说走就走。在政治主张遭到父亲拒绝后，悲愤无比的韩非子开始转向另一项工作——研究法家学术。

这是韩非子对法家思想最重要的贡献，虽然法家学派风光无限，但所有的法家思想家都是各有一套。韩非子博采众家之长，对法家思想进行归纳总结，并提出自己独特的观点。他的著作共有十多万字，包括《说难》《五蠹》《孤愤》等名篇，是法家思想的集大成者。

虽然韩非子天生口吃，但文采好得惊人。他的文章气魄宏大，既有奋发向上的精神，又没有脱离实际的虚无。他善于抓住生活中的点滴细节，潜移默化地阐述法家理念。比如，他的《孤愤》，是讲两种法家的精英人物：一种是有才智权谋的人，这种人能够明察秋毫，洞悉人心；一种是刚正执法的人，这种人执行力强，能够推行法律。韩非子提醒统治者除了要善于选拔人才，更要懂得提防大臣，防止大臣专权乱国。他的《五蠹》，把儒家学者、纵横家、贵族家门客、工商业者和游侠称为五种危害社会安全的蛀虫，让统治者防范，并用法律来打压。而《说难》则是一篇法家的技术性文章，讲述怎样说服统治者接受法家政治主张的技巧，包括怎样揣摩统治者心理、了解统治者好恶等内容。此外，他还提出了法律面前人人平等、奖励耕战等主张，在当时这些建议也有进步意义。这些文章多收录在他的文集《韩非子》中，是先秦散文的杰出代表。

韩非子的文章广为流传。秦王嬴政都知道了他，看过他的文章后感叹说：“我如果能见到这个人，死也不遗憾了。”这时，韩非子的师弟李斯也成了秦王嬴政的重臣。他给秦王嬴政献计，先大举攻打韩国，然后逼迫韩国派韩非子来求和。

秦王嬴政立刻照办了，正如李斯所料，不堪一击的韩国果然把韩非子派来和谈了。这是韩非子人生里最重要的一场会面，他与秦王嬴政畅谈法家思想，虽然说话口吃，却依然得到了秦王嬴政的敬重。韩非子也趁机向秦王嬴政表明了心迹：愿意把毕生的才学贡献给秦国，帮助秦国一统天下。

对韩非子的提议，秦王嬴政表现得很犹豫，还没等他拿定主意，李斯却坐不住了。他虽然和韩非子是师兄弟，但韩非子的出身和才华，都远比他强，一旦韩非子被重用，自己肯定要被冷落。偏巧这时候，韩非子又得罪了秦国另一位重臣——外交家姚贾。这个姚贾曾多次

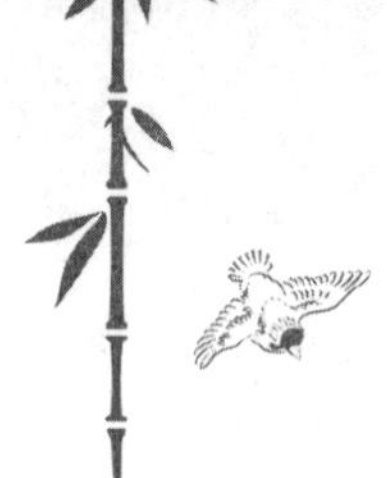

游走列国，拆散各国的抗秦联盟。此人性情贪婪狠毒，他的身份是纵横家，也是韩非子最厌恶的“五蠹”之一。于是，韩非子很自然地就跟姚贾结仇了。

李斯和姚贾一拍即合,开始造谣中伤韩非子。姚贾劝秦王嬴政说:“韩非是韩国人，做事肯定要为韩国考虑，您要用他就坏事了。”就在姚贾中伤后没多久，韩非子果然建议秦王嬴政，统一天下应该先消灭赵国，不该打弱小的韩国。这本是韩非子为秦国统一天下深谋远虑的计策，但生性猜疑的秦王嬴政错了意，反而下令把韩非子投入监狱。含冤入狱的韩非子，在狱中写了大段的自辩，渴望能面见秦王嬴政伸冤。但李斯不给他机会，偷偷给韩非子送去了毒药。申冤无望的韩非子，只好在狱中自尽。巧的是，就在此时，秦王嬴政又后悔了，连忙派人去牢狱释放韩非子，但已经晚了。

小贴士

韩非子的死，表面看是李斯等人的陷害所致，归根结底，还是因为他的身份，如他在著作中所说：“那些拥有超凡眼光和卓越能力的大臣，恰恰是君主需要提防的。”然而韩非子自己正是这样的人，他又碰上了性格多疑的秦王嬴政，他的悲剧也就注定了。

就这样一统天下

从公元前358年，秦孝公实行变法图强，到公元前238年，秦王嬴政亲征。这一百二十年，是秦国开疆拓土的一百二十年。秦国不但相继战胜魏国、楚国、齐国、赵国等强大对手，还八次击败中原诸国的反秦联军，累积消灭中原军队一百五十万人。这时候，秦国的控制区域，已经包括今天的陕西、甘肃、宁夏、四川、山西、河南、湖北、湖南等地区。秦国掌握了天下三分之一的土地和五分之三的财富。

历代秦国君主，都追求着共同的理想。从秦孝公开始，秦惠文王、秦武王、秦昭襄王等君主代代传递，等到秦王嬴政登基时，秦国已遥遥领先于其他国家，距离那个梦寐以求的终点——统一天下，渐渐近了。

对秦王嬴政来说，一统天下的过程却不那么简单。他是子楚的儿子，王位本与他无缘，还因做人质的缘故，在赵国受了多年苦，好不容易当上了国王，却又遇到吕不韦专权，经过艰苦的权术博弈，才在公元前238年彻底击败了吕不韦，成为秦国真正的统治者。

独揽大权的嬴政，早期并没有帝王的胸襟气度，眼光十分短浅，还干了傻事。有大臣出主意说，吕不韦之所以会把持朝政，都是因为从中原国家来的外地人，秦国历史上所有闹出乱子的权臣，大多数是外来人，不如把这些人都赶走，这样国家也就太平了。

这么荒唐的主意，二十一岁的嬴政居然听了。公元前236年，秦国颁下《逐客书》，规定凡是滞留在秦国的中原人，限期必须全部搬走，否则就要治罪。一时间，秦国上下一阵鸡飞狗跳，怨声载道。

照这么胡搞下去，不要说一统天下，先前几代的家业都得被败掉。

好在这时，一个明白人出现了——李斯。

李斯原本是吕不韦家里的门客，吕不韦倒台后，他也没了出路。

偏偏雪上加霜，嬴政下《逐客书》。李斯是韩国人，也要被逐客。他越想越不服气，临走前给嬴政写了一封信，信里他说："当年秦穆公称霸的时候，帮他振兴国家的百里奚是外地人；秦孝公变法自强的时候，主持变法的商鞅是外地人；秦惠文王拆散六国联盟时，为他出使列国的张仪是外地人；秦昭襄王吞并列国的时候，他的丞相范雎也是外地人。这四个有才的人都是外地人，如果现在你把外地人都轰走了，这不是在增加敌国的实力吗？"

这一封信嬴政立刻幡然醒悟，他连忙取消了《逐客书》，并派人把李斯追回来。从此以后，嬴政也学着先祖的样子，积极招揽各国的人才。他在驱逐吕不韦的时候，还只想过安定日子，从这时候起，则继承了祖先的遗愿——统一天下。

为了这个愿望，许多人才又会聚到秦国。其中最著名的，就是尉缭。

尉缭的师承很有意思，叫作"卫商鞅学"，即许多法家人士自发组成的一个研究商鞅变法的学派。嬴政非常赏识尉缭，经常和他一起吃住交谈。嬴政相信，研究商鞅的尉缭有和商鞅类似的本事。

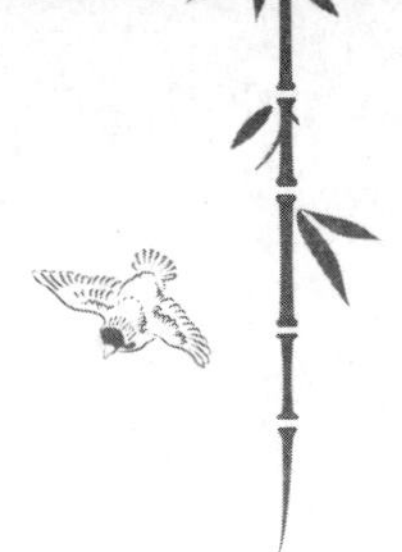

尉缭没有让嬴政失望，他是一个有眼光的人，他主张用远交近攻的方法完成大业。对离得远的国家，就暂时通好；对离得近的国家就狠命打。嬴政采纳了这个策略，并封尉缭做太尉。

嬴政统一天下的战争，开始于公元前 230 年。先攻打的是当时没几口气的韩国。他派内史腾兵渡黄河，攻打韩国。韩国早已经没有抵抗能力，只是和秦国稍微打了几下，就立刻缴械投降，韩国就这样亡国了。

嬴政之所以打韩国，是因为要先占领韩国当跳板，然后灭掉韩国南北的两翼，最后灭掉极东的齐国。这是一个非常明智的战术，可以通过包围的局势，吞并掉各路诸侯国，更可以避免秦国遭受夹击。

初战告捷以后，秦国的第二步却碰了个小钉子——灭赵国。公元前 229 年，秦国出兵攻赵，被名将李牧打败。尉缭用反间计，收买赵王迁的宠臣郭开，让他向赵王进谗言，说李牧意图谋反。傻乎乎的赵王迁果然上当，李牧含冤被害。秦国接着发起进攻，赵王迁不战而降。赵国公子赵嘉逃到了代地，却已经不成气候了。

赵国完了，下一个是燕国。这次嬴政又碰上了一个“插曲”——荆轲刺秦王。燕国太子丹派刺客荆轲假装觐见嬴政，荆轲趁机拔剑行刺。幸亏嬴政反应快，先砍断了荆轲的腿，这才捡回一条命。大难不死的嬴政立刻下令进攻燕国。公元前 226 年，秦军占领了燕国的都城蓟。燕王杀了太子丹请降，随后逃到了辽东。秦将王贲在攻打燕国的时候搂草打兔子，顺便把盘踞于代地的赵嘉也给灭了。

赵国被灭了，燕国也逃到了辽东，正当嬴政准备乘胜追击的时候，尉缭却制止了他。尉缭说：“现在燕国已经无力抵抗，但魏国还没有被消灭，如果他们和楚国联合，灭他们的难度可就大了。”

嬴政听了尉缭的话，暂时停止攻打燕国。第二年，王贲统率十万大军，一举灭了魏国。魏国的国君和大臣全都被抓做了俘虏。

这时期，秦国的统一战争虽然出了点岔子，但总体还是顺利的。紧接着，一个难啃的硬骨头摆在了眼前——楚国。

在统一战争的最后阶段，能给秦国制造麻烦的，只有楚国了。这时楚国国力早已衰弱，也被秦国占领了国都郢都，被迫迁都到寿春，嬴政开始也没把楚国放眼里，战前他命将领们估算，灭楚国需要多少兵马。老将王翦说需要六十万，年轻将领李信说需要二十万。嬴政一听就不高兴了，责备王翦说："老将军真是老了，怎么打仗变得这么胆小？"结果李信带了二十万大军攻楚，没多久就败了。

犯了错的嬴政立刻改错，主动向王翦道歉，并邀请王翦出征。王翦还是坚持："必须给我六十万大军，否则免谈。"这次嬴政变得很好说话，出征前还为王翦摆酒送行。王翦表现得也很傲慢，在行军路上，他不断派人给嬴政奏报，一会儿要赏赐一会儿要官职，走一路要一路。这事传出去后，大家都说王翦老糊涂了。但真实原因，只有王翦心知肚明：嬴政根本不是一个胸襟宽广的人，要想不被他猜忌，必须做出贪得无厌的样子，让嬴政觉得，我不要权，只要钱。正如王翦所料，嬴政对他的要求不但没有生气，反而表现得非常高兴，要什么给什么。

王翦进入楚国后，在边境要地驻扎，却不急着进攻。对面的楚国大将，是同样拥兵几十万的名将项燕。两军相持了一年，项燕粮草接济不上，最终支持不住了，只得全军撤退。王翦趁机追杀，一举重创项燕部，楚国集结起的大军就此灰飞烟灭。之后王翦趁热打铁，一举拿下楚国都城寿春，楚国末代国君也被王翦活捉。楚国的亡国意味着秦国统一天下已成为定局，残存的齐国是无论如何也抵挡不了秦国的。

公元前 221 年，秦国由王贲率军，杀向了最后一个目标——齐国。这时候齐国的末代国君，是在位四十四年的齐王建，这是个胆

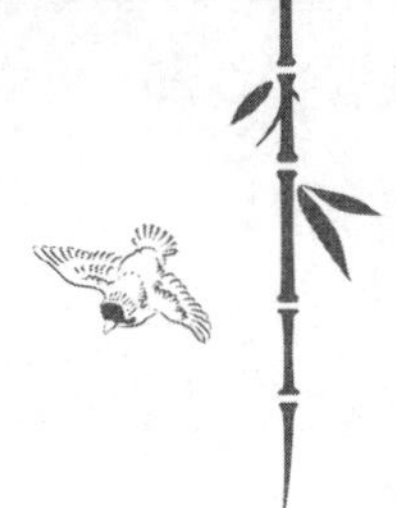

小懦弱的国王，一直死心塌地听秦国的话。之前秦国攻打魏国、楚国等国家时，这些国家都曾来求救，齐王建一概不理。这下报应来了，所有的诸侯都灭亡了，谁还能救他？结果王贲兵不血刃地进入临淄城。就这样，中国历史迎来了一个划时代的时刻：因战乱分裂了几百年的中国，终于重归一统了。

公元前 220 年，嬴政又调五十万大军南下，平定了长江以南的南越地区，并设立郡县。广东、福建、广西、云南等省也被划入了秦国的版图。秦帝国的疆土大体成型，北方包括了中原地区和辽东地区，向西抵达甘肃，向南抵达了海南岛和越南北部。这个领土版图，也是后世各封建王朝版图的雏形。统一天下的秦国，建立了中国封建社会第一个封建王朝——秦朝。

小贴士

帮助秦始皇一统天下的尉缭，是中国历史上著名的军事理论家，他的兵法著作《尉缭子》是和《孙子兵法》齐名的军事宝典。他看人看事的眼光都很准，特别是对嬴政的看法非常精准，他认为嬴政“缺少恩德，心似虎狼，得天下后会吞食天下人”。后来发生的事，全被他不幸言中了。

图书在版编目（CIP）数据

写给青少年的中国历史．上古卷/张嵚著．—北京：北京联合出版公司，2017.1

ISBN 978-7-5502-8294-0

Ⅰ.①写… Ⅱ.①张… Ⅲ.①中国历史－上古史－青少年读物 Ⅳ.①K209

中国版本图书馆CIP数据核字（2016）第185301号

写给青少年的中国历史　上古卷

作　　者：张　嵚
选题策划：北京凤凰壹力文化发展有限公司
责任编辑：管　文
特约编辑：申丹丹　贾　烁
封面设计：谢　飞
版式设计：赵　静

北京联合出版公司出版
（北京市西城区德外大街83号楼9层　100088）
三河市华润印刷有限公司印刷　新华书店经销
112千字　960毫米×640毫米　1/16　13.5印张
2017年1月第1版　2017年1月第1次印刷
ISBN 978-7-5502-8294-0
定价：22.80元

本书若有质量问题，请与本公司图书销售中心联系调换。电话：010-85376701